L'Univers a bien fait son job !

... ma vie de médium

Adéline Castel-Leproust

L'Univers a bien fait son job !

… ma vie de médium

EDITIONS LANORE
François-Xavier SORLOT, éditeur
6, rue de Vaugirard | 75006 Paris

ISBN 9782382730669
fernand-lanore.com
contact@editionslanore.com

Introduction

Je m'appelle Adéline, j'ai trente-cinq ans et l'impression d'avoir aussi bien quatre cents pareillement que cinq...

Mon fardeau autant que ma liberté ? C'est ma médiumnité. Connaissez-vous ce sentiment d'être aussi bien passionnée que rebutée par son métier ? C'est mon cas.

Ambivalente, je rêve parfois d'exercer une profession qui me permette aussi bien d'avoir des discussions légères que de me faire réfléchir et avancer.

Mais voilà, j'aime trouver des preuves et de la consistance dans ce que j'entreprends, pratiquer là où il n'y a aucun faux-semblant, aucune injustice et où je lis entre les lignes.

Or, ma mission me permet de m'épanouir totalement dans ces désirs. J'avoue donc que, même si parfois, j'aimerais être quelqu'un d'autre, ce chemin est le mien et je m'y réalise autant que faire se peut.

Ma vie est bercée par les âmes, les ressentis et les douleurs des personnes qui me consultent. Quelle responsabilité ! Cela me pèse d'ailleurs, autant que cela me porte. Ce destin, rempli de paradoxes, d'intensité, d'amour et de haine, de lumières et d'ombres, n'est pas chose aisée.

De plus, imaginez que vous ne puissiez pas dire clairement à une partie de la population quel est votre emploi. Pensez maintenant que vous pouvez même être insulté à tout moment lorsque vous l'énoncez, à deux doigts d'être porté au bûcher. Pesant, n'est-ce pas ? Pour autant, je suis aussi inondée de l'affection de toutes les personnes qui viennent me voir, qui me lisent, ou encore regardent mes vidéos. Ceci contre balance cela.

Afin de faire au mieux mon travail d'accompagnante, je suis dans l'obligation de me former : j'apprends donc des techniques, je me perfectionne sans cesse, mais je dois aussi travailler sur... moi-même.

Native du Scorpion, je suis de celles qui changent l'ombre en lumière (vous noterez la logique du signe de naissance avec ma ligne de vie). Je l'expérimente ainsi personnellement assez régulièrement : je plonge des jours durant dans les ténèbres afin de finir par revoir l'intensité du soleil. Un entraînement quotidien qui est devenu un sport de compétition.

Au-delà de cela, nous souffrons, médiums, d'une image stéréotypée à laquelle je ne corresponds pas vraiment... En effet, je possède une caractéristique majeure qui dérange tout autant : je ris beaucoup. Oui, cela peut paraître ridicule, mais je vous assure que dans ce vaste monde de la spiritualité, rire de « trop » choque. Pourquoi ? Parce que ce n'est pas le cliché de la « parfaite médium ».

Dans le « milieu », vous avez généralement deux propositions :

La première, vous vous appelez Irma. Une boule de cristal dans la main et vous vivez seule, dans une vieille maison au fin fond d'un sous-bois. Votre leitmotiv est « *Je vois...* ». Comme vous cassez un peu les codes, vous avez un chien, histoire de sortir du fantasme de la dame au chat noir, queue coupée et miaulement à perdre haleine.

La seconde : vous vous appelez Marguerite. Vous êtes un Elfe de la nature. Vous faites intensément du yoga et de la méditation. Vous ne vous énervez jamais et vous vous donnez corps et âmes à l'éducation positive de vos enfants. La lune régit votre quotidien et vos décisions.

Je ne suis ni l'une ni l'autre. Je suis même aux antipodes de tout cela, mais malgré mes grandes tentatives pour leur ressembler, je n'y arrive pas. Cela ne m'empêchera pas d'aimer profondément Irma et Marguerite pour autant.

Alors, forcément, cela ne fait pas l'unanimité et malgré mon immense besoin de sécurité et de validation, il a fallu que j'affirme réellement qui j'étais : Une médium à l'humour noir, buvant du vin régulièrement, testant ses limites au sein d'entraînements physiques, et effectuant des vidéos humoristiques sur son métier.

Cela m'a pris du temps pour m'accepter et pour oser, mais ce fut néanmoins à partir de ce moment-là que j'ai su qui je pouvais devenir.

Il faut dire que je ne suis pas seule dans cette quête. Pour cela, j'ai mes meilleurs amis, les guides, qui m'aident dans ce processus.

Leaders nés, ce sont eux qui m'ont sortie de ma nuit noire de l'âme et ce sont eux qui m'ont envoyé des signes pour que je ne me perde pas. C'est encore mieux que de passer par le scénario du petit Poucet, cailloux en poche ! Seulement, il m'a fallu du temps pour les comprendre.

Aujourd'hui, je ne pourrais pas vivre autrement malgré les aléas et je suis heureuse de vous raconter mon histoire.

À toi la médium qui se réveille, à toi qui a simplement envie de passer un bon moment, à toi le jeune homme qui se perd, à toi l'inquisiteur de sorcières, ou encore à toi la personne qui s'interroge, je vous dédis ce livre. Je vous raconte tout. Mon récit, mes expériences, ma vérité, mon quotidien, les plumes que j'ai laissées sur votre passage ou les soleils de mes histoires.

Entre grandes opportunités de solitude, joie et larmes, voici ma vie.

Chapitre 1

Les premiers pas

Je ne me souviens plus exactement de l'âge que j'avais, dix ans peut-être, quand j'ai entendu mes « premiers pas ». Pas les miens. Celui de l'homme de la maison. Pas ceux de mon père non plus.

Ceux de l'homme invisible. Je n'avais aucune idée de ce qu'il se passait, ni même de ce qu'étaient vraiment ces pas. Mais je les percevais. Je n'en ai pas parlé de suite, l'étrange étant plutôt tabou sous notre toit.

En effet, même si les années 1980 étaient propices à jouer avec les phénomènes du paranormal et que bon nombre de personnes s'amusaient à appeler les esprits, à faire tourner les tables ou encore à faire bouger des verres par la force de la pensée... ou des invisibles, mes parents, ayant eux aussi succombé à la mode « ésotérique », finirent par avoir une expérience plutôt désagréable et donc à percevoir cela comme étant dangereux.

Moi-même, je n'ai jamais aimé ce type de pratiques qui me semblent davantage imprudentes, à l'orée du macabre et n'ayant pas grand-chose à voir avec les mondes de l'Au-delà. À la limite, cela pourrait être intéressant pour un épisode de *Mulder et Scully* ou de cette « émission » qui m'a traumatisée étant enfant : *Mystère.*

Il n'était donc pas très recommandé d'en parler au risque de réveiller les morts.

Sauf que visiblement, enfin si je puis converser ainsi, les défunts n'attendaient pas que l'on parle d'eux pour se revivifier. Ma chambre de petite fille était recouverte de lino, ce sol immonde que plus personne n'utilise dans sa maison tellement nous transpirons des pieds dessus. Or, l'homme invisible devait avoir une sudation importante de « l'eau-delà » puisque sa voûte plantaire collait ainsi. Chaque soir, je l'entendais marcher entre mon armoire et mon lit. Les pas s'éloignaient, puis revenaient dans un continuel flot rythmique.

Il semblerait qu'il avait de l'humour, car contrairement à la croyance populaire, il se manifestait uniquement quand j'allumais la lumière. J'ai fini par analyser le dessous de ma couchette sous tous les recoins... sait-on jamais, si les monstres existaient ? Mais je ne discernais rien. Chaque soir, cela recommençait. Jusqu'au jour où j'ai fini par appeler mon père qui ne savait pas vraiment s'il devait me croire, m'emmener voir un psychologue ou encore avoir peur lui aussi. Je ne me reposais quasiment plus, car, il faut bien l'avouer, la musique de ces pas me dérangeait fortement. Je finis, inévitablement chez le médecin qui me prescrit des médicaments pour dormir.

Très efficaces ! Je somnolais même la moitié de la journée. Mais plus aucun bruit de pas. Ouf !

Épisode bouclé. Royal. L'homme invisible ne se manifestait plus. Tout du moins sous cette forme...

J'ai toujours eu une profonde connexion avec l'écriture, la lecture et tout ce qui avait pour moi du sens. Je me souviens de ma première page déchiffrée du haut de mes quatre ans, peut-être dans mon bain, avec un livre qui ne craignait pas l'eau. Je n'ai jamais eu de difficulté à apprendre les mots, cela m'était même très facile à un tel point qu'arrivée à l'âge de mes six ans, en classe de CP, tout me paraissait ennuyeux. La méthode Boscher avait eu raison de moi et je m'endormais au fond de la classe en attendant que tous les élèves aient bien récité les syllabes du jour. Apprendre à écrire ne m'a pas été plus difficile et malgré le fait que j'étais loin d'être une écolière soigneuse, je me relisais et c'était certainement là l'essentiel. La bibliothèque de l'école était devenue mon refuge. Il faut dire que je me sentais déjà très seule, et j'attendais chaque semaine le bibliobus qui klaxonnait au bout de la rue. Ces instants me permettaient de m'évader quelques heures. J'étais devenue une élève modèle, remplissant approximativement toutes les caractéristiques de l'intellectuelle de l'école sauf une, essentielle. Je ne parlais quasiment pas. Non que je ne maîtrisais pas la langue française orale, mais parce que j'étais tétanisée à l'idée que l'on puisse m'entendre. Mon institutrice avait convoqué ma mère en fin d'année en évoquant la possibilité de me faire sauter une classe, mais cela fut impossible. La raison ? J'étais asociale. Je n'exprimais rien à personne. En réalité, je parlais à deux filles de ma classe : Marianne et Amélia.

Marianne était la risée de toute l'école, car souffrant d'obésité. Amélia l'était aussi, car en très grande difficulté scolaire. Moi, je les aimais beaucoup. Elles étaient gentilles et on s'amusait bien ensemble. Nous n'avions en réalité aucun point commun si ce n'est la différence. Mon côté empathique me poussait systématiquement à aller vers les personnes les plus en souffrance. Je n'étais donc pas asociale, j'étais juste sociable avec les âmes qui avaient besoin d'aide. C'était très différent. Cependant, il n'existe aucun cours d'empathie à l'école élémentaire. C'était alors logiquement que je suivis le cursus scolaire classique, cataloguée à tout va de l'intellectuelle sans paroles (au mieux, la fille aux bouquins quand je suis arrivée en fac d'histoire) et ma principale vocation était de me réfugier dans les livres, écrire mes pensées et soulager les exclus des divers établissements au sein desquels j'étais scolarisée. J'apportais mon aide à qui voulait bien de moi. Ce qui aurait dû être une lumière dans mon obscurité, se révéla être dysfonctionnant. J'ai fini par secourir tout le monde, même les personnes les plus ingrates. Néanmoins, je ne pouvais m'en empêcher. C'était ma seule façon d'exister dans cette société qui ne m'acceptait pas. Seulement, j'avais oublié qu'aider les autres ne me sauverait pas. Il fallait déjà que je m'aide moi-même. Je l'ai découvert des années après, mais ce temps passé à écouter et conseiller le monde qui m'entourait fut une magnifique période d'apprentissages.

Un jour de printemps (en réalité, je ne me souviens plus de la date, mais avouez que cela a un petit quelque chose de romanesque : vous imaginez les bourgeons, le retour des grues, l'air doux, le soleil qui caresse votre peau... Ok, j'arrête, vous avez compris le concept !)

Un jour de printemps, donc, je me suis mise à coucher sur papier un écrit sur la guerre et la religion dans le monde, expliquant les conséquences de ces violences. Vous noterez la subtilité de la thématique choisie pour une jeune fille mal dans sa peau de quinze ans (en même temps, peut-on être épanouie à cet âge-ci ?). Je vous rassure, il y avait aussi, entre mes réflexions sur le « bien-fondé » des justifications de tout acte extrême de la religion et des massacres sous couvert d'hérésie, quelques pages noircies sur mes coups de cœur adolescents et les filles au physique « à la Kate Moss » qui avaient tant de succès. Problématique tout aussi tyrannique pour moi que les approches rigoristes du calvinisme. En effet, mon amour sans limites pour le chocolat me détournait du physique attractif de la brindille et donc de l'affection de mes pairs.

Pour la première fois depuis très longtemps, je me sentais fière de ce que j'avais écrit, et croyez-moi sur parole, c'était un exploit ! Je voulus donc que mon père me lise. Il s'y attarda plusieurs jours, passant et repassant sur les pages et là… douche glaciale…

« Ce n'est pas toi qui as écrit cela ».

C'était bien moi, mais que voulait-il dire ? Je n'étais pas assez intelligente à ses yeux ? Détresse totale, j'ai fondu en larmes et j'ai tout déchiré. Le pire dans tout cela, c'est qu'il ne se souvient plus du tout de cet épisode alors qu'il a marqué une grande partie de ma vie.

Et pourtant, avec le recul, il avait raison. Ce n'était pas moi qui avais rédigé cela. Chaque jour, j'écris des pages et des pages de textes qui ne viennent pas de moi. Je suis médium clairaudiente et j'ai la faculté de mettre des mots sur ce qui se dit dans l'au-delà. Je transforme les énergies de ce qui m'est transmis. D'ailleurs, la phrase que je répète en boucle depuis que j'exerce mon métier est :

« Ce n'est pas moi qui ai transcrit cela. ».

C'est qu'ils sont sacrément intelligents là-haut. Ils ont des réflexions très poussées et enrichissantes. Je décèle à chaque mot, chaque page écrite des pensées que je n'imaginais même pas. C'est aussi comme cela que je pratique ma médiumnité. Lorsque des personnes me consultent, je passe systématiquement par l'écriture. Ainsi, je découvre vos trésors cachés, les causes de votre mal-être ou encore ce que vous devez travailler. Grâce à ce que je reçois et traduis à l'écrit, je perçois progressivement que vos vies sont chamboulées et réalignées après chacun de vos passages auprès de moi. Et je dois avouer que vous n'êtes pas les seuls à en profiter : je me révèle en même temps à vos côtés. Seulement le doute m'assaille régulièrement. Et si j'inventais tous ces mots ? Et si j'étais folle ? Voici ce que je me suis dit un demi-milliard de fois.

C'est ainsi que j'ai fait mes premiers pas dans le monde de l'invisible. Par le biais d'un homme qui en faisait cent et la littérature.

Mais je dois vous avouer que le chemin est bien long et que, tel l'enfant qui s'avance dans la vie, j'ai mis un peu de temps avant de pouvoir gambader allègrement. À ce sujet, n'êtes-vous pas inquiets quand vos chérubins évoquent la possibilité d'un autre monde, qu'ils embrassent celui de l'Invisible comme si cela était leur quotidien ? Combien de parents ont répondu à leurs poupons, qui exprimaient leurs peurs de voir une vieille femme bizarre se tenant droite comme un piquet devant leur lit, que c'était le fruit de leur imagination ? Peut-être aussi que c'était votre tante Roberte… (j'ai choisi un prénom moderne) ? Estimez-vous heureux déjà qu'elle ne soit pas hideuse. Cela lui fera moins d'émotions ! Non, ils ne sont pas fous. Les enfants et les bébés sont très souvent médiums. Ils n'ont pas encore toutes nos barrières mentales et naissent instinctifs. Ils sont capables de voir plus facilement les défunts que nous, adultes, tout comme ils ressentent vos agitations internes sans même que vous parliez. Vous ne pouvez pas cacher les choses à un enfant. Il le saura même si vous êtes inscrits aux cours Florent et que vous avez le César de la meilleure actrice du siècle. Je ne compte désormais plus le nombre de personnes venant me consulter qui me disent :

« Quand j'étais enfant, je voyais des ombres dans ma chambre. J'entendais des individus me parler, mais il n'y avait rien. Papa et maman ne me croyaient pas... »

Prenez le temps de les écouter et vous pourriez même être ravis d'avoir des nouvelles de votre grand-mère Lucette ou de votre vieil oncle Marcel. J'observe néanmoins que les mentalités évoluent peu à peu sur ces sujets sensibles et que bon nombre de parents prennent de moins en moins à la légère les propos de leurs enfants, bien qu'en trame de fond perdure souvent la peur de la maladie mentale. J'ai souvenir d'un père d'une quarantaine d'années qui m'appela pour avoir des conseils pour son jeune fils qui expliquait qu'il voyait régulièrement des défunts, dont des membres de sa famille. Le croire ou non ? Telles sont fréquemment les problématiques récurrentes évoquées en plus de la gestion de ses propres émotions ainsi que celles de ses enfants. Cela me semble néanmoins intéressant de conserver cet espace d'écoute avec sa progéniture.

Les animaux sont tout autant instinctifs. Je m'en suis aperçue le jour où mon chien, un grand berger suisse répondant au doux nom de Nanouk, se mit à aboyer et à grogner lors d'une tranquille promenade en forêt face à... Rien. La balade fut tout d'un coup bien moins tranquille. Il restait là à s'énerver contre le néant. Enfin si, sûrement face à quelque chose d'invisible parce que l'arbre face à lui n'avait pas l'air d'être agressif, mais pour nous, humain aux pensées limitantes, il n'y avait rien. Impossible de le faire revenir vers nous. Vous vous doutez bien que j'ai vite rebroussé chemin. L'âme présente ne devait pas être extrêmement sympathique. Et dire qu'à ce moment de l'histoire, je n'avais que les prémisses de ce qu'allait devenir ma vie ! Un mélange de mystères, de déconvenues, de magies et d'autres évènements... surprenants !

Possédant déjà une ouverture d'esprit sur ces sujets, j'ai eu envie d'aller me rassurer sur l'existence de l'âme perdurant après la mort physique. Le point d'entrée que j'ai choisi fut inévitablement lié au décès de ma petite sœur.

J'ai consulté une médium pour la première fois à la suite de cet évènement tragique qui bouleversa ma vie tout entière. C'est grâce à ce dernier (oui, j'ai bien dit « grâce ») que je me suis intéressée aux professionnels du mysticisme qui deviendront, dans le futur, mes consœurs et confrères.

J'ai beaucoup aimé cette séance qui fut un peu le remède à ma peine. Elle me transmit une chanson qui restera gravée à jamais dans ma mémoire et qui sonne tellement juste aujourd'hui : « *All you need is love* » des Beatles. Je crois qu'il fallait que je me recentre sur l'essentiel. Petit aparté pour ceux qui sont vraiment allergiques à l'anglais : l'amour devrait être au centre de ma vie (ne me remerciez pas).

C'est l'unique séance que j'ai faite avec une médium concernant Fanny, ma sœur. Je n'avais pas envie de creuser davantage, par peur sans doute que l'on me démontre que tout ceci n'était qu'illusoire. J'ai donc laissé planer le doute pendant de nombreuses années. Personne ne me démontrant que cela était faux, je pouvais ainsi laisser la porte entr'ouverte à une possible vérité. Cela ne m'a pas empêchée de me poser diverses questions sur ce qu'était véritablement la mort, si elle m'entendait quand je pleurais ou encore si je la reverrai un jour parmi les étoiles.

C'est à ce moment précis que mes recherches à ce sujet se sont intensifiées jusqu'à devenir mon quotidien. Ma soif de connaissances n'avait plus aucune limite sur ces thématiques. J'entrais dans le vaste monde de la spiritualité pour une raison bien précise que je découvris avec une formation en soin énergétique censée réactiver les processus d'auto-guérison du corps humain et éveiller les facultés médiumniques : mon âme profonde sortait d'un sommeil lourd. Elle m'appela tellement fort qu'après des dizaines de jours à effectuer des auto-soins énergétiques, ma clairaudience ressuscita après tant d'années enfermées dans un coin de mon cerveau (ou de mon âme je ne sais pas trop). J'ai eu beaucoup de mal à la distinguer puisqu'elle se manifestait par des pensées fulgurantes que je ne maîtrisais pas. Je pensais que mon esprit me jouait des tours, mais tout ce qui semblait sortir de ces mots était bien différent de ma manière de m'exprimer.

Dotée de ces nouvelles intuitions qui venaient perturber mon quotidien d'hypersensible déjà parfaitement rempli, j'eus la brillante idée d'effectuer un exercice des plus difficiles. Il fallait que je sache que ce n'était pas simplement mon mental qui me jouait des tours ou encore une pathologie sous-jacente.

J'ai la chance d'avoir un mari qui croit davantage en mes facultés que moi-même et qui accepta le challenge. Sans lui, il m'aurait été impossible d'avancer. Sébastien s'arma donc de patience pour me pousser à développer mes potentiels qu'il voyait chaque jour un peu plus. Il me réconforta de nombreuses fois quand j'étais sous le feu des critiques de personnes qui ne croyaient en rien ou encore quand j'avais peur de me révéler au monde entier. Pour vous donner une image concrète de ce qu'il représente pour moi : c'est une sorte de guide terrestre.

Cette symbolique est aussi bien terrorisante, car elle provoque d'abondantes questions du style « Y arriveras-tu si un jour il décide de partir naviguer vers d'autres contrées ? » qu'elle est infiniment porteuse. Pouvoir parler de tous ces passages de vie dont je faisais l'expérience et qui me déstabilisaient sans une once de jugement de sa part, c'était l'instant romantique du livre.

Je demandais donc à mon mari de glisser dans des enveloppes des photos ou des prénoms. Mon challenge ? Toucher ces dernières et deviner de qui il s'agissait.

Épreuve supplémentaire : mes meilleurs amis, les guides de l'au-delà, décidèrent de se joindre au jeu en m'aiguillant à l'aide de fabuleuses énigmes. Oui, des énigmes. Vous voyez *le Cluedo* ?

« Je demande le colonel moutarde dans la cuisine avec le chandelier ! »

C'était pire ! Ils me donnaient des indices dignes d'une enquête policière du FBI ! À croire que là-haut, ils aiment s'amuser ! Me voilà ainsi partie à raconter à mon mari des pensées, des mots, des contextes qui étaient censés me faire deviner de qui il s'agissait.

La première enveloppe contenait une photo de Sébastien avec une personne qui lui était chère, partie rejoindre les étoiles il y a fort longtemps. Une drôle de sensation m'envahit et je me mis à parler de mer, de bateau ou encore de pull rouge. Puis, voilà que ce que je ressentais comme étant un homme décida de me dire les mots suivants : « C'est qu'il t'aime beaucoup » faisant référence à l'affection que me portait mon tendre et cher. Message que je m'empressais de donner. Je vis alors mon mari être touché en plein cœur et ses larmes ne purent être contenues. Je crois que j'avais tapé juste. Il sortit la photo d'une de ses figures d'attachement, un bourru à l'âme tendre, vivant au bord de l'eau, faisant du bateau avec celui qu'il avait toujours considéré comme son petit-fils. Et son pull rouge était, certes, immonde... mais bien présent !

Difficile de douter après cela. Mon exigence me poussa à continuer avec un, deux, trois ou quatre... personnes. Jusqu'à ce moment où je pris peur. Voilà qu'on me parlait d'une manière très « animal », pour ne pas dire « bestiale ». Le langage était cru, les allusions particulières. Mon mari riait aux éclats, mais me donnait confiance en me certifiant que je comprendrais en suivant. Arriva la phrase choc :

« Il me dit qu'il veut passer derrière le portail vert, qu'il veut être libre, qu'il veut courir ».

C'était un prisonnier ? Non... c'était mon chien ! Nous avions dans notre cour un portail vert et il est vrai que notre Nanouk souhaitait sans cesse sortir. Je ne pouvais plus douter et dans le même temps, j'ai été prise d'une grande tristesse. Mon chien avait soif de liberté. Il n'était pas heureux ainsi. Voulais-je véritablement tout savoir, tout ressentir même ce qui ne se disait pas ? Je n'en étais pas certaine. J'avais déjà du mal avec ma propre expression, alors celle des autres...

C'était trop tard ! Je ne pourrais plus jamais faire semblant. Je ne pourrais plus jamais dire : je ne savais pas. Me voilà prise dans le grand tournant de la médiumnité. Jusqu'où mes capacités s'étendaient ? Je ne le savais pas. Je ne le sais toujours pas, d'ailleurs. J'apprends simplement à composer et à me balader entre les mondes et ses subtilités. J'explore mes différentes énergies, celles des autres, leurs souffrances et leurs joies. Je communique avec vos âmes. Je capte vos vies antérieures, les miennes également, à la recherche de l'explication de vos divers blocages. De temps à autre, je vois vos guides dans mes activités de pratiques énergétiques, qu'ils revêtent des ailes, des moustaches ou bien encore des pattes. Mes nuits me propulsent régulièrement chez les uns et les autres pour leur transmettre des messages. C'est mon quotidien.

Dire que je m'imaginais que les médiums voyaient des morts toute la journée ou qu'on leur criait dans les oreilles. J'étais loin de la réalité. C'était là la difficulté. La médiumnité peut être beaucoup plus subtile et elle demande du travail.

C'est un labeur constant. Ma vie s'articule autour de signes, de pensées, de rencontres, de flashes, de douleurs, de prémonitions ou encore de ressentis. Suis-je moi aussi prisonnière de mon quotidien ? Un peu, il est vrai. Je ne pourrais plus néanmoins vivre autrement. Il n'y aurait plus de sens. Ma vie, c'est la rencontre entre le visible et l'invisible. Je mourrais de souffrances si on m'enlevait l'essence de ma vie. Où se trouve donc ma liberté ? Je l'ai appris en 2021, moment particulier dans l'histoire du monde où une nouvelle maladie appelée COVID fit sa grande apparition.

Année de tortures psychologiques pour beaucoup, de contradictions permanentes et de restrictions individuelles portant la pensée unique vaccinale comme réponse à tous les maux. J'ai beaucoup pleuré à ce moment-là. J'ai eu peur aussi. Pourtant... ce fut la période de tous les possibles. Bien au chaud dans ma cabane magique où je recevais mes clients, personne ne pouvait me pousser à ce que je n'avais aucune envie de faire. Mon corps tout entier me stoppait dès la moindre hésitation à une volonté de revenir à une « vie normale » selon ce qui était écrit un peu partout sur les réseaux sociaux ou ce qui était présupposé dans beaucoup de conversations politiques, sociales et même amicales. Une vie remplie de loisirs, de restaurants ou tout simplement d'aller et venir chercher un livre à la bibliothèque du quartier. Ma vie n'avait jamais été normale de toute manière, autant l'assumer jusqu'au bout. Année de transformation importante, j'ai crié haut et fort qui j'étais, ce que je faisais et pour quelle raison. Mes premières vidéos ressemblaient à l'épreuve du feu et quand je les revois je me dis que j'aurais pu être condamnée au bûcher pour moins que cela à l'époque de la chasse aux sorcières. J'exprimais clairement ma clairaudience comme je la vivais. Nous étions de plus en plus nombreux à expérimenter ce format public montrant au monde entier ce qu'était la médiumnité. J'étais libre. Libre de faire, de dire, d'exercer sans contraintes, d'être moi, d'aller au bord de l'eau. C'était cela ma liberté.

Cette année-là, j'ai appris à voyager entre les mondes, à visiter des bibliothèques sacrées ou encore à voir les gens sur leur canapé tout cela en restant assise à méditer. J'avais perdu ma liberté de circulation sur terre pour apprendre à voyager dans les cieux. Mes meilleurs amis, mes guides, l'univers, appelez-les comme vous le désirez m'avaient conduite là où je devais être. Ils m'ont protégée à leur manière. Si je ne percevais plus leurs pas, je savais qu'ils guidaient les miens.

Chapitre 2

Et si c'était vrai ?

Vous êtes-vous déjà demandé si tout ceci était vrai ? Les guides, les anges, les âmes, l'Invisible ? Moi, tous les jours. Je suis médium et je me suis posé cette question pendant de longues journées, de longues heures, de longues minutes, ne sachant que faire de tous mes ressentis. Je crois que le plus drôle dans tout cela c'est que vous me dites tous et toutes en consultations :

« Vous allez me prendre pour un fou ou une folle ».

Si seulement... Ce serait plus simple, croyez-moi. Confidence pour confidence, tout médium s'est déjà posé cette question. Quelle est la frontière entre le réel et l'irréel ? Quelle est cette intuition qui m'habite ? Pourquoi moi ? Est-ce que mon cerveau fonctionne bien ? Est-il vraiment « normal » ? Comment est-ce possible ?

Bienvenue dans mon monde et ma manière de penser.

La limite entre le tangible et l'invisible n'est plus véritablement perceptible dans mon quotidien puisque ce vaste monde éthérique est devenu mon métier. C'est mon scepticisme qui m'a sauvé la mise, et a fait de moi une professionnelle. Oui, je suis sceptique et j'ai besoin de preuves, de beaucoup de preuves. Mes guides doivent se morfondre de m'avoir choisie ! Je les remets sans cesse en question et j'avance coûte que coûte selon mes convictions, mais avec des démonstrations.

La première qu'ils m'ont offerte survint lors d'un évènement tragique qui fut jusqu'ici ma plus grande peine. C'était le sept décembre 2011. Mon mari de l'époque revenait d'un voyage au Gabon. J'habitais la région parisienne. J'étais très heureuse de le revoir, mais dans le même temps, ma sœur venait de subir une opération, quelques jours auparavant. J'étais donc assez inquiète, mais confiante. Elle était tout pour moi. Elle s'appelait Fanny, elle avait dix-sept ans. Notre relation était empreinte de respect mutuel, de rires et de partages. Je ne pouvais vivre sans elle. Du moins, c'est ce que je croyais.

Je me baladais dans les boutiques préparant Noël avec mon compagnon du moment. Ce jour-là, je n'ai trouvé qu'un seul cadeau : celui de ma petite sœur. Bien plus que de la simple inquiétude, sa présence me hantait et je me suis souvenue qu'il fallait que je lui dise des paroles importantes. Cela faisait des mois que j'y pensais, mais ma tête me hurlait de lui dire maintenant.

Rentrée chez moi, je pris mon téléphone et je lui écrivis ce message :

« Coucou sœurette, je voulais te dire que si jamais un jour j'avais une fille, je l'appellerai Emilie. »

Quelques minutes plus tard, mon téléphone retentit : « Oooooh, comme mon deuxième prénom. Merci. Cela me fait trop plaisir. Je t'aime. »

C'est avec effroi que j'appris qu'elle était décédée quelques minutes après ce message, emportée par une embolie pulmonaire foudroyante. Sa vie s'était éteinte en l'espace de quelques instants, anéantissant tout sur son passage, moi incluse. Elle est morte le 8 décembre 2011. Est-ce que mes guides m'avaient permis de lui dire au revoir ? Est-ce que mon inconscient ou mon âme savait déjà que j'allais la perdre à cette minute précise ?

Trois mois après cette tragédie, alors que quelques soucis médicaux me condamnaient à avoir de grandes difficultés à être enceinte, je découvris que je l'étais. C'était une fille (évidemment !) et elle était prévue pour le 8 décembre 2012. Je ne savais plus s'il fallait rire, pleurer, crier, hurler ou être heureuse, mais tout me semblait insurmontable. Je fis mon possible pour accoucher avant cette date. Je ne souhaitais pas que mon enfant naisse le jour de l'anéantissement de mon âme. Même si le cadeau était bien présent, il n'en était pas moins brutal. Mon mental réussit cet exploit et ma fille naquit le premier décembre. Elle s'appelle Emily.

Aujourd'hui, je suis en capacité de dire que cette histoire est magnifique malgré la douleur infinie qu'elle m'a procurée, mais, il y a dix ans, la colère de l'injustice prévalait sur tout le reste. Cela restera néanmoins l'évènement déclencheur de ma mission d'âme. Il me faudra de nombreuses années pour le comprendre, ainsi que de lourdes pertes, et diverses douleurs pour l'apprendre. La frontière entre le monde des vivants et le monde des morts n'est finalement qu'une perception. Seulement, sa présence me manque toujours autant et laisse un vide qui me paraît continuellement impossible à combler.

Ce type de drame qui touche autant les gens que l'on aime que nous-même impose cette question majeure de l'humanité : existe -t-il une vie après la mort ?

Un autre semblant de preuve m'apparut en été. Emily était une petite fille âgée d'un an et quelques mois. J'avais fait le choix d'un congé parental pour m'en occuper. Je jouissais donc d'une multitude d'heures pour l'observer et écouter ses paroles. Elle parla très tôt et beaucoup (chouette !). J'habitais à l'époque un appartement en région parisienne (oh joie !), c'était un été caniculaire (Quel plaisir !).

Ce tableau dressé, imaginez-la en train de jouer tranquillement bien assise sur sa chaise quand tout à coup, elle dit :

« Maman, c'est qui la petite fille qui joue avec moi ? »

Ma tête se releva immédiatement et mon cœur explosa. J'essayai malgré tout de ne montrer aucun signe d'effroi et je me suis surprise à rester relativement calme.

« Quelle petite fille, chérie ?

— Celle à côté. Elle joue souvent avec moi. »

Était-ce le fruit de son imagination ? Sûrement ! Après tout, c'est qu'ils s'en inventent des histoires ces enfants !

« Elle me dit de te dire que j'ai tes yeux. »

Mamma mia ! C'est vrai en plus. Je partis regarder dans le miroir pour voir si ma fille avait vraiment les mêmes yeux que moi.

« Et elle aime beaucoup le chat ! »

Le chat… c'était celui que j'avais acheté à son décès avec l'argent de son compte en banque. Je voulais une sorte de cadeau et j'avais choisi son animal préféré.

Emily a continué à jouer comme si rien ne s'était passé. Il m'était difficile de constater qu'un bébé d'un an et demi m'avait menti ou imaginé une personne qui n'existait pas.

Je m'empressai de raconter cet évènement à mon mari de l'époque, mais cela n'eut pas beaucoup de résonances. Le sujet était encore douloureux.

Quelques jours plus tard, partis au parc en famille, Emily se retourna vers nous et prononça ces mots :

« Maman, la petite fille, elle est encore là avec nous. »

Une fois de plus, cela me fit bondir l'âme, mais devant l'apparent désintérêt de mon conjoint, mon scepticisme latent et la possibilité que cela ne soit qu'anecdotique, et dû à l'imagination que l'on peut penser fertile chez les tous petits, je préférais mettre cela de côté pour le moment.

Emily grandit et il ne fut plus question de ses « visions », mais au fond de moi, quelque chose me disait que si c'était vrai, Fanny serait là pour la protéger. Une question envahit mon cerveau à la suite à cet épisode : pour quelle raison, se présenterait-elle comme une petite fille ? C'est en lisant un roman de Patricia Darré, bien calée dans un vieux rocking-chair d'époque, que j'eus un début de réponse : il semblerait que les défunts se manifestent avec leur propre représentation d'eux-mêmes. Il est vrai qu'elle n'était pas très vieille à son décès.

La médiumnité se résume-t-elle à voir des défunts et parler aux morts ? Pour la plupart des gens et moi-même, il y a encore peu de temps, la réponse positive était évidente. OUI !

Ce n'est pas le cas ! J'appris par la force des choses que la médiumnité est un processus bien plus large que la clairvoyance et la clairaudience. Une capacité encore méconnue de mon corps se fit jour à peu près dans le même temps que le réveil de ma clairaudience : le clair ressenti ! Quel est-il ? La capacité de ressentir les douleurs et émotions des personnes. Magnifique ! J'avais déjà du mal avec mes propres émois alors éprouver ceux des autres, merci du cadeau !

Je l'ai de nouveau compris grâce au fameux protocole d'auto-soins énergétique que j'ai suivi pendant plusieurs semaines. J'avais toujours détesté toucher les personnes, les soins énergétiques ne m'attiraient pas du tout, mais j'ai été transporté immédiatement par une technique de soin appelé *Lahochi*. Tout était simple et fluide, pas besoin de passer un master en relations publiques avec les anges, c'était parfait.

Je vous en parlais dans le chapitre précédent, ces soins m'ont littéralement transformée.

En effet, cette technique, venue à moi lors d'une soudaine envie de continuer mes apprentissages, m'a permis d'être davantage moi-même, de prendre du recul sur les situations et les personnes, d'incarner mon chemin sans me laisser déborder par mes ressentis médiumniques qui commençaient à prendre beaucoup de place.

Formation faite, me voilà prête à effectuer le rituel de vingt-et-un jours d'auto-soins obligatoires dans toute nouvelle acquisition d'énergie. L'objectif étant d'intégrer cette dernière, d'en prendre la mesure avant de pouvoir le réaliser sur les autres. Trois semaines étant convenues dans le développement personnel comme le temps nécessaire à l'acquisition d'une nouvelle habitude. C'est ainsi que je découvris que les énergies avaient des couleurs et que mon être pouvait s'exprimer par le corps. Chaque auto-soin était rythmé par des positions de mains sur des parties de mon anatomie. Les yeux fermés, je pouvais ressentir de la chaleur, des émotions plus ou moins fortes, du bien-être ou encore l'apparition de couleurs bleues, violettes ou rouges circulant à travers mon âme. Je me sentais enfin bien, ma vision du monde changeait petit à petit, mes nuits furent plus longues et ma prise de recul beaucoup plus efficace, autant d'atouts nécessaires au développement de ma médiumnité. Ce que je ne savais pas encore, c'est que cette pratique travaillait mes capacités extra-sensorielles que j'avais mises sous le tapis par peur de déranger.

Mes premiers auto-soins étaient très apaisants. Dès le commencement, couleurs et hologrammes tournoyaient tel un voyage sensoriel dans mon corps. Je restais de longues minutes sur certaines positions qui me transportaient de douceur. Je ressentais bien de temps à autre quelques petites douleurs, mais rien d'alarmant.

C'est donc tout naturellement que je voulus tenter d'aider d'autres personnes par cette technique de soin. Les débuts furent timides bien que les souffrances perçues furent de plus en plus présentes jusqu'à ce qu'elles deviennent mon quotidien à chaque soin effectué. Chaque partie abîmée du corps de l'autre venait me transpercer, les blessures physiques, mais aussi émotionnelles.

Lors d'une de ces séances, les mains posées sur la photo d'une connaissance m'ayant demandé de lui réaliser un *Lahochi* (oui, l'énergie n'a pas de frontière et le soin à distance marche très bien), je vis apparaître en hologramme une sorte de petit fœtus. L'image devenait de plus en plus limpide jusqu'à ce que je sois certaine de ce que je percevais. Je me permis donc de demander à cette jeune femme si elle était enceinte.

« Cela fait plusieurs mois que j'essaie avec mon mari, mais cela ne fonctionne pas. Il est vrai, néanmoins, que j'ai un retard de règles, mais je ne veux pas me donner de faux espoirs. »

Ma position en fut délicate. Est-ce que je devais lui dire ce que je ressentais ? Un élan d'assurance me permit d'affirmer que je pensais qu'elle l'était, mais qu'il était en effet plus prudent de ne pas se faire de faux espoirs.

J'appris quelques jours après que son test de grossesse était positif.

De temps à autre, ce type d'hologramme signifiait des évènements moins joyeux. Fausses couches ou avortements marquent aussi tous le corps, physique ou énergétique. De nombreuses séances ont vu remonter ces anciennes blessures, toujours avec les mêmes images plus ou moins précises de fœtus ou d'embryons plus ou moins avancés. J'avais peur de blesser ou de choquer, mais je me rendais bien compte que les personnes venues me consulter cherchaient des réponses à leurs problématiques. Il ne servait donc à rien de les cacher.

Plus j'avançais dans mes protocoles énergétiques, plus les ressentis se faisaient intenses. C'est ainsi que je me suis mise à ressentir les émotions ou encore les douleurs physiques qui s'étaient cristallisées depuis, parfois, des années entières sur les personnes avec lesquelles je travaillais. Tristesse, dégoût, colère, angoisses... je discernais toutes les émotions qui avaient besoin d'être libérées pour faire peau neuve. Sinon que, pour ma part, j'avais davantage l'impression de prendre vingt ans à chaque séance que de rajeunir !

Quand j'évoquais certaines douleurs physiques que je ressentais, la plupart me racontaient que cela correspondait à des traumatismes anciens. Je ne comprenais donc pas pour quelle raison ces dernières venaient à moi, puisqu'elles étaient censées être cicatrisées ? J'appris avec le temps que le corps imprimait absolument tout et que malgré les apparences, la douleur ne faisait que dormir pour mieux se réveiller par la suite. C'est ainsi que, lors d'un travail énergétique où ma sciatique avait décidé de se manifester (mais évidemment ce n'était pas vraiment la mienne, vous l'aurez compris), je me permis de l'évoquer à ma cliente de l'époque.

« Vous avez un souci avec votre dos ou votre nerf sciatique ?

— Pas actuellement, non. J'en ai eu un il y a très longtemps maintenant, donc ce nerf est complètement guéri.

— Je ne pense pas, étant donné les douleurs que j'ai perçues.

— Si, si, je vous assure aucun souci là-dessus. »

Je sentais bien que je n'allais pas la convaincre, mais commençant à bien connaître mes facultés vibratoires, je me permis de lui dire qu'il était possible qu'elle ressente une gêne prochainement afin qu'elle le conscientise. À la place, elle fut clouée au lit pendant plusieurs jours, terrassée par sa sciatique qui avait eu la bonne idée de ressurgir intensément.

Son corps avait besoin d'extérioriser une blessure ancienne et il réussit à lui exprimer ce que le mental ne souhaitait pas voir. Je me suis d'ailleurs souvent culpabilisée de ces capacités vibratoires. Certains de mes collègues apportaient du bien-être, moi je réveillais les ombres et ce qui avait besoin d'être conscientisé chez l'individu. Mon rôle consistait à aller chercher ce que personne n'avait envie de travailler. Il y avait plus confortable comme position. D'autant que je souffrais d'une profonde peur de déplaire et de ne pas être aimée... Autant vous dire que j'étais servie au niveau du développement personnel sur ma capacité à accueillir le rejet ! Certaines des personnes qui me consultaient m'en voulaient de réveiller leurs douleurs physiques ou mentales, d'autres me rassuraient en m'expliquant que cela faisait partie du processus de guérison. Dans l'énergétique, le travail s'effectue en profondeur dans le respect de ce que l'individu est en capacité de réceptionner, mais il est évident que comme tout travail de guérison intense, il faut apprendre à ne pas cacher ses fêlures et à les regarder en face. Aujourd'hui, j'ai confiance en ce que je fais et j'ai appris que je n'étais pas responsable de ce qu'avait vécu la multitude de personnes qui me faisaient confiance, mais qu'au contraire j'étais une des clés de leur guérison partielle ou totale.

J'ai vécu également des moments profondément émouvants et qui ont chamboulé ma vision assez cartésienne de la spiritualité. Pour moi, les anges étaient un vaste concept hérité de la tradition chrétienne sur lequel on avait greffé les fantasmes humains. J'imaginais qu'il était plus simple de mettre des têtes d'hommes et de femmes sur des corps humains ailés pour faire comprendre les dimensions énergétiques. Toute cette théorie fut balayée en un quart de seconde lors d'une nouvelle consultation. Je recevais Franck depuis plusieurs séances. Grand jeune homme ayant besoin de se retrouver, il fait partie des personnes qui m'ont le plus marquée. À chaque séance, il lâchait un peu plus les poids de son passé et souhaitait véritablement développer ses facultés. Nous voilà donc tous les deux partis pour une nouvelle séance de Lahochi. Très vite, tout son corps s'est mis à vibrer, comme un état de semi-transe. Mes mains étaient brûlantes et comme collées sur sa poitrine. Beaucoup d'images se mirent à défiler qu'il était impossible d'arrêter, tant les vibrations m'emportaient dans un tourbillon intense. C'est alors que, yeux fermés, je vis apparaître tout en lumière, un homme gigantesque, très apaisant et avec d'immenses ailes. Dans ma tête résonnait l'appel d'un archange venu accompagner le soin de ce jour. J'ai même reculé de peur qu'il ne me fonce dessus. Dit de cette façon comme cela, cela peut paraître totalement illuminé, mais j'ai vécu un des plus beaux moments de ma vie. À l'ouverture de mes yeux, nous étions tous les deux ébahis de ce que nous avions l'un et l'autre vécu. Nous avions perçu des choses différentes, mais avec la même intensité. Ses visions de voyage initiatique ainsi que ses ressentis le libérèrent et moi je me remettais à peine de cette incroyable rencontre. À partir de ce jour, j'ai reconsidéré mon phantasme des anges et des archanges et je me suis mise à travailler à leurs côtés.

Imaginez bien que mon cerveau reptilien me rappela à l'ordre de nombreuses fois quand je les évoquais ou que je croyais à leurs présences.

Seulement il m'était difficile de le rassurer. Comment avoir une preuve supplémentaire de leur « existence » ?

L'univers étant plutôt conciliant pour me prouver les choses, je tombai « par hasard », une après-midi de semaine de travail intense, sur une émission avec une médium que j'adorais. Cela est suffisamment incroyable pour que je le précise. Je ne regarde jamais la télévision en semaine et encore moins à cette heure de la journée. Bref, ce n'était pas du hasard, mais n'oubliez pas que le reptile a besoin de ses berges de secours.

J'écoutais attentivement cette femme à la veste rose et au maquillage parfait qui évoquait ses débuts de médium, histoire que je connaissais par cœur étant donné que j'avais déjà regardé de nombreuses interviews à son sujet. Mon oreille écouta davantage quand elle se mit à parler de sa rencontre avec un ange. Ce n'était pas la même que celle que j'avais vécue, car elle se trouvait dans le métro et totalement consciente, mais il y avait des similitudes. J'avoue avoir encore du mal à imaginer le décor, tellement il me paraît rocambolesque. J'écoutais néanmoins attentivement, car sa description de son ange droit comme un piquet placé devant elle devrait, en toute logique, ressembler au mien me fonçant dessus pendant un soin énergétique. Les pupilles dilatées et tout ouïe, j'étais au summum de la concentration. Elle le décrivit comme un homme immense, avec de grandes ailes et imposant. Mon cerveau reptilien était convaincu ! Deux situations différentes, deux personnalités distinctes et pourtant la même description. Les anges devinrent une pièce de plus à mon puzzle de la spiritualité que j'essayais de résoudre seule avec mes ressentis et mes perceptions. J'expérimentais, je voulais savoir, je ne souhaitais pas seulement croire.

Chapitre 2 Bis

C'est donc vrai… et plus si affinités

Forte de ces premières expériences plutôt concluantes, j'allais progressivement toujours plus loin. Une autre partie de la médiumnité qui me fascinait était le thème des vies antérieures. Le postulat de base était que nous avions une seule âme qui naviguait de corps en corps, et d'époque en époque. Certaines âmes étaient très vieilles, d'autres beaucoup plus jeunes. Curieusement, j'ai toujours été convaincue à cent pour cent de la pertinence de la réincarnation. Pourtant, aucune preuve à l'horizon. Je le savais, c'était tout. Mais comment en apprendre davantage ? Je n'avais aucune envie de décrypter pendant des heures des livres traitant de ce sujet d'une manière un peu complexe à mon sens. Il y avait quelques modules de savoirs trainants par ci par là sur internet, mais rien qui n'arrivait à me convaincre véritablement. J'avais en plus, beaucoup de mal à imaginer que l'on puisse se former à cette pratique sans prérequis. Peut-être des restes de mon ancien métier de professeur des écoles. Instit' d'un jour, Instit' toujours !

Il fallait cependant que je trouve réponse à mes questions. Je guettais les signes qui me permettraient de comprendre de quelle manière je pourrais accéder à cet enseignement. C'est lors de méditation quotidienne qu'une image m'apparut très nettement : je me suis vue transmettre un livre vieilli, tel Merlin l'enchanteur, à des enfants. Il fallait que je creuse cette vision. Elle me hanta nuit et jour jusqu'à ce que je découvre le processus des annales akashiques représenté par un grimoire ! C'était une évidence, il fallait que je me forme à cette technique. C'est donc naturellement que je m'inscrivis à une formation pour connaître cet enseignement.

C'est ainsi que j'appris que les archives akashiques étaient un endroit éthéré où étaient conservées toutes nos vies, l'actuelle et ses possibles futurs. Elles sont décrites comme un espace sacré où naviguent nos guides, des maîtres ascensionnés, des anges, des archanges, et un bon nombre de choses fantastiques que j'allais bientôt découvrir. Cet endroit magique nous permet d'avoir accès aux sources et à la résolution de nombreuses problématiques personnelles, professionnelles et spirituelles. Le programme était alléchant et la formatrice nous le présentait comme le plus bel endroit de la terre... ou du ciel. Tout excitée à l'idée de rencontrer ce monde enchanté, j'essayai mon premier voyage ! Mais au lieu de tomber nez à nez avec la féerie, c'est l'ombre qui m'apparut.

Bien installée dans mon coussin de méditation, j'avais créé pour l'occasion une prière de protection canalisée par mes soins. La seule « bulle rose » qu'il fallait intentionner me semblait un peu légère pour entrer dans ce vaste monde invisible. Je suivis scrupuleusement les étapes que l'on m'avait apprises : imaginer une vaste colonne de lumière me traversant le corps, des racines qui partaient des pieds pour mon ancrage puis monter progressivement vers mes fameuses annales akashiques. En réalité, ce qui devait prendre dix minutes en pris deux tellement j'étais pressée d'entrer ma bibliothèque sacrée. J'atterris devant deux grandes portes comme décrites dans mon livret de formation. Deux gardes, pour ne pas dire soldats, trônaient aux abords de ces dernières me laissant dubitative sur la réelle envie de me voir débarquer dans leur univers protégé. « Faire confiance », tels étaient les maîtres mots qui résonnaient dans ma tête. Je m'imaginais déjà leur tendre la main avec un drapeau blanc en guise de bonjour afin de montrer que j'arrivais en paix. Mais nul besoin de cet artifice puisque d'un coup de baguette magique, les portes s'entrouvrirent me laissant l'occasion d'avancer et de me glisser dans un monde qui, j'en étais certaine, me combleraient d'émerveillement.

Un endroit plutôt lugubre se présenta à moi et je m'imaginais déjà m'être perdue dans les ténèbres. Des elfes de maison, apparemment très heureux de me voir, sautillaient de partout ; ce qui ne les rendait pas plus beaux. Une femme (ou peut être un homme, à ce stade, je ne savais plus vraiment) avec une tête de chien noir et une grande cape de la même couleur me tendit le bras pour me dire d'aller m'asseoir dans un immense fauteuil rouge pourpre aux allures de trône. Ses seules paroles furent : « Tu es des nôtres ». Je ne savais pas trop s'il fallait que je sois ravie de cette nouvelle tant l'ambiance était particulière. Elle me tendit mon livre. Ce grimoire renfermait l'intégralité de mes vies. Plutôt excitant comme concept.

En feuilletant quelques pages, je fus transportée dans une de mes vies antérieures. L'endroit était bucolique et parfait. J'étais une jeune maman fière de sa progéniture, petite fille aux cheveux bouclés qui gambadait dans la prairie. C'est là que l'orage arriva et que je vis apparaître au loin... La mort ! Et qu'était-elle venue récupérer, la bougresse ? Ma fille !!! Il est vrai que l'ambiance « elfes moches tout fripés » du début de voyage ne se suffisait pas à elle seule, il fallait en rajouter un peu pour que cela fasse davantage mélodramatique !

C'est alors que la personnification de la mort m'enleva ma fille. Ses maigres mots de consolation furent :

« C'est pour que tu comprennes l'importance de la vie. Mais ne t'inquiète pas, tu la retrouveras ».

En écrivant toutes mes visions sur papier, je tentai, tant bien que mal, de comprendre le message. L'ombre, la mort, la vie, la lumière. Un éclair de génie traversa ma lourde tête : la tête de chien représentait *Anubis* et la scène avec ma fille, un moment de ma courte vie qui n'était pas encore digéré : le décès de ma sœur, celle pour qui j'avais un amour indescriptible qui ressemblait étrangement à celui d'une mère pour sa fille. Elle était tout pour moi, mais la vie me l'avait arrachée. Les larmes coulèrent à flots. Je me repris rapidement et je me mis à chercher la signification de ce dieu égyptien. Il était le dieu de la mort, celui qui accompagne les défunts vers la lumière. Il était également appelé le « Seigneur du pays de l'aurore », le « guide des chemins » ou encore « Le maître des secrets ». J'avais désormais une preuve de plus de ma mission : guider les personnes sur leur chemin, les amener vers leurs ombres pour accéder à leur propre lumière. Si une partie de mes archives akashiques me montrait l'ombre, c'était tout simplement pour me faire comprendre qui j'étais.

Le décès de ma petite sœur était donc toujours un frein à mon expansion personnelle. Avec la vision que j'avais eue, il était évident que je ne l'avais toujours pas acceptée et que je fuyais ce moment fatidique où la douleur m'envahirait à tel point que je ne pourrais plus résister. J'avais pourtant eu une preuve irréfutable de sa présence à mes côtés.

Un soir d'hiver, bien emmitouflée dans mon plaid rose préféré, je voulus regarder une conférence de cette même médium qui m'avait tant inspirée la dernière fois : Anne Tuffigo. Un passage perturba mon sens logique bien que mon esprit fût relativement ouvert à de multiples phénomènes paranormaux. Cette femme racontait qu'elle avait reçu un texto de sa maman décédée. Oui, vous avez bien lu ! Un texto où il était écrit : « maman qui vous aime ». Cette information me perturba toute la nuit. À la place de l'incompréhension, la colère prit le relais. Je me suis mise à haïr le ciel et ma sœur par la même occasion de ne m'avoir donné que des bribes de signe par-ci, par-là, comme des papillons, de la musique ou encore des plumes sur mon passage. Mon monde s'écroulait. La journée passa dans un anéantissement de mon âme. Je ne trouvais plus de sens à ces fameux signes que je voyais de partout. Mon cerveau finit par me trouver pitoyable d'avoir pu croire à de telles sornettes. Pleine d'amertume, je criais :

« Mais pourquoi, moi je n'ai rien eu !! Pourquoi je n'ai pas eu de texto ! Vous savez le faire ! Alors, faites-le ! »

Je vous évite les injures. J'étais dans un état de colère et de tristesse que je n'avais jamais côtoyé. J'ai fini par donner un ultimatum au ciel :

« Fanny, s'il te plaît, écris-moi un texto. Sinon, c'est terminé. J'abandonne tout et je ne crois plus en rien ».

Sauf qu'en plus de fournir la démarche, j'avais des exigences : c'était ce soir, au maximum demain, mais pas après. J'étais livide quand je suis rentrée chez moi. Je n'ai pas dit un mot de la soirée, accrochée à mon téléphone. Et bien entendu, rien. Le lendemain, je ressemblais à une feuille morte trouée abandonnée sur la plage, loin de son arbre. Vint la soirée, et rien. C'était donc résolue et l'âme en peine que je décidai d'aller me coucher. Je pris mon téléphone, et là… je vis apparaître une notification d'une célèbre application de ventes d'objets où il était noté :

« Fanny vous a écrit un message. »

Mon cœur s'emballa, mes larmes montèrent. Il était presque minuit. C'était elle, elle m'avait entendue. Elle était donc bien là. J'ai ouvert ce message, la main tremblante. Un simple cœur ornait le corps du texte. Rien de plus. Je m'endormis l'esprit léger et l'âme prête à conquérir le monde.

Chapitre 3

Quand le destin s'en mêle...

Étais-je prédestinée à être médium ? Cette fameuse mission de vie dont tout le monde parle était-elle entre mes mains ? Pourrais-je être heureuse d'une autre manière, avec un travail plus commun aux yeux de la société ? Je ne me voyais guère faire de longues heures dans un bureau étriqué, mais je me voyais encore moins clamer haut et fort mes facultés médiumniques aux soirées de parents d'élèves ou pendant les réunions de famille.

Autant de questions que je me suis posées de longues heures durant. Qu'est-ce qui animait mon âme chaque jour ? Aider était un des maîtres-mots de ma vie et je pouvais certes soutenir les autres de multiples manières. Je voyais bien néanmoins qu'à chaque tentative d'aide que j'apportais autour de moi, rien n'était jamais abouti, aussi bien pendant mes années de professorat auprès des élèves en difficulté que durant celles passées auprès d'adultes en tant que coach. J'attirais à moi des personnes en souffrance qui passaient de longues heures à me raconter leurs problématiques, j'étais l'oreille attentive, de bon conseil et empathique, mais j'étais frustrée de ne pas pouvoir aider « plus ». Je n'aidais pas assez. Comprenez dans cette phrase que je sentais qu'il existait autre chose que mes simples conseils, tirés pour la plupart du temps de ma vie personnelle et de ses nombreuses épreuves. Mon âme m'appelait à creuser, à rechercher, mais je ne savais quoi. C'est ainsi que j'ai décidé de faire appel à l'univers. Un signe ! J'avais besoin d'un signe pour accomplir ma destinée. Mon âme était en manque d'un accomplissement aussi bien personnel que collectif.

C'est en fouillant dans les rayons d'une librairie que l'illumination vient à moi. J'allais, comme à mon habitude, au rayon ésotérique et spiritualité afin d'alimenter ma passion naissante. Je ne devais pas être la seule puisque les livres et objets en tous genres dans ces domaines augmentaient chaque semaine un peu plus. Mon regard fut attiré par un épais livre vert pastel intitulé à la description claire : NUMÉROLOGIE. Qu'était-ce que cet art ? En regardant de plus près, j'appris que nos noms et prénoms, ainsi que nos dates de naissance avaient une influence sur notre personnalité. Ce livre combinait développement personnel et étude sur l'individu. C'était exactement ce qu'il me fallait. Cela me semblait simple, accessible et passionnant.

Quand je m'aperçus qu'une formation s'ouvrait à trente minutes de chez moi par l'auteure du livre, je n'hésitai pas très longtemps. Mon coup de pouce de l'univers était bien là. En effet, cette formation d'une année intense contribua à transformer ma vie. Moi qui étais perçue comme le mouton noir de mes professeurs de mathématiques, je me surpris à adorer effectuer des calculs en tous genres à la fois pour me redécouvrir sous un autre angle, mais aussi discerner, en quelques nombres, les potentiels de chacun. C'était évident et accessible, tout ce dont j'avais besoin ! Cet outil renforça mes facultés et mes intuitions et très vite, mon insatiable envie d'aller encore plus loin se manifesta. Elle se réveilla d'une manière plus ou moins incongrue un jour de « portes ouvertes » au sein de l'endroit où j'avais décidé de louer un local deux jours par semaine.

Merveilleux moment pour prendre conscience de ses facultés ! Vous apprendrez d'ailleurs que l'univers a beaucoup d'humour et qu'au moment où je vous écris ses lignes, et après avoir maudit le ciel de payer des impôts, je me retrouve avec une tasse de thé où est inscrit « Les bêtises, c'est comme les impôts, tu finis toujours par les payer. »

La preuve par l'exemple effectuée, revenons à nos « portes ouvertes » où j'étais censée présenter mon activité de Numérologue fraîchement certifiée. Je maîtrisais parfaitement mon discours de présentation tant je débordais d'enthousiasme à l'idée de démontrer que cet outil était incroyable ! Seulement voilà, ma conscience professionnelle ne put être remarquée puisqu'un enchaînement de situations toutes plus folles les unes que les autres vint perturber ce qui aurait dû être une journée « bateau ».

Je remarquais au loin une jeune femme brune qui avait l'air d'être intéressée par mon stand. C'est donc tout naturellement que je me dirigeai vers elle, sourire aux lèvres pour lui expliquer mes fonctions. Ce n'est pas du tout ce qu'il se passa. À la place, je me suis mise à entendre un nombre dans ma tête «sept, sept, sept, sept... »

Impossible de me l'enlever de l'esprit, et à « tout hasard », prise d'une soudaine confiance en moi, je me surpris à lui dire :

« Vous êtes née un sept ? »

— Heu... oui. Comment vous savez cela ? J'ai fait tomber ma carte vitale ?

— Oh vous savez, parfois, il y a des choses venant d'un autre monde que l'on ne peut expliquer »

Mais qu'est-ce que j'étais en train de raconter ? Elle devint blanche et franchement mal à l'aise de la situation pendant que je continuais à sourire comme une idiote. Bien évidemment, elle s'éclipsa poliment d'une main de maître complètement abasourdie par mon chiffre sept et mes explications farfelues. Pour ma part, je trouvais refuge dans ma joie expansive à raconter ce qu'il venait de se passer à mes collègues qui n'avaient pas l'air d'être si étonnées que cela. Cette histoire me tarauda toute la journée, mais je ne savais pas encore ce qu'il allait se passer en rentrant dans ma chaumière de future sorcière.

Mon mari, Sébastien, m'avait l'air tout aussi bizarre que moi en cette soirée qui s'annonçait déjà toute particulière. Il tenait à me montrer une image de son téléphone, prise lors des fêtes de Noël. Il avait une « drôle de sensation », me disait-il et voulait avoir mon avis.

À son air grave, j'ai compris qu'il s'était passé un évènement particulier. Il me demanda de regarder la photographie et je me suis soudain sentie prise de frissons de la tête aux pieds. Je vis sur le cliché une ombre blanche à l'entrée de l'église, une femme, j'en étais certaine. Je me suis retrouvée en proie à des émotions, mélange de peine et de terreur impossible à arrêter. Je reconnaissais le village d'à côté, mais il me manquait un élément pour comprendre ces soubresauts qui envahissaient mon âme et mon corps.

« Où as-tu pris exactement cette photo ?

Derrière le monument aux morts de la guerre de 39-45.

— Pourquoi donc ?

— Oh ! Pour rien ! »

J'ai passé ma soirée à pleurer la douleur de cette femme sans pouvoir m'en dépêtrer. Quel sympathique cadeau du ciel ! Il fallait apaiser son âme et surtout qu'elle retrouve le chemin de la lumière. Devinez quoi ? Je ne savais pas le faire ! C'est donc la moitié de moi-même que j'appelais en urgence, une amie passeuse d'âmes qui était en soirée ! Grâce à son intervention, je me suis rapidement calmée redécouvrant la photo où plus aucune ombre blanche n'ornait l'entrée de l'église. J'étais à la fois choquée de ce que je venais de vivre et soulagée que cela soit terminé. Elle était partie rejoindre les siens ou, tout du moins, le ciel. Le rôle des passeurs d'âmes est essentiel dans le monde de l'Invisible. Certaines personnes restent coincées ici-bas souvent en raison de décès violents ou de non-acceptation de leur mort.

En tout cas, une chose était certaine, ma clairaudience et mes ressentis faisaient leurs réapparitions ! C'est ainsi que je me suis penchée sur quelques médiums de renom sur internet. Je les voyais parler dans le vide, retranscrire des messages qu'ils « entendaient ». Cela me fascinait en même temps que cela m'effrayait. Je rêvais d'avoir cette fluidité, mais je me demandais comment cela fonctionnait. Plusieurs mois passèrent et un nouvel évènement vint chambouler la face du monde dans le même temps que nos vies.

C'était en 2020. Nous étions confinés depuis déjà de nombreuses semaines dans nos maisons pour nous protéger de l'épidémie de Coronavirus qui battait son plein. Pendant cette période, j'avais pris l'initiative d'effectuer des vidéos pour expliquer l'impact des nouvelles lunes sur notre vie et nos émotions. J'avais démarré pour cela une formation en « médecine de la lune » qui permettait de comprendre les implications du chamanisme avec cet astre. Je me préparais toujours très activement pour ces conférences à distance, écrivant mes textes à l'avance en combinant mes connaissances en *Numérologie* et en *Lahochi* à celles que j'avais grand plaisir à apprendre sur les énergies lunaires. Des tirages d'oracles accompagnaient ces descriptifs afin de continuer mon chemin instinctif. Lors d'une journée où la chaleur régnait, de nombreuses pensées se présentèrent à mon esprit comme j'écrivais mon discours de nouvelle lune. Je trouvais ces « paroles » évidentes et, dans le même temps, je me disais que c'était en effet les bouts d'éléments qu'il me manquait. Le texte écrit, je n'en revenais pas de ce que je venais de faire. J'avais mis deux minutes à rédiger un texte qui n'était pas de moi que l'on m'avait soufflé à l'oreille, tout en donnant des explications à propos de la lune noire du moment. C'était donc cela une « canalisation ». Ce terme était très utilisé, mais j'avais beaucoup de mal à entendre ce qu'il voulait dire. La seule chose que j'avais comprise c'est que cela faisait partie du « packaging » de la médium moderne du vingt-et-unième siècle.

C'est comme cela que j'ai véritablement commencé à creuser ma clairaudience et ma médiumnité. C'était tout à la fois limpide et quelque peu obscur. Je tentai timidement d'exploiter cette nouvelle faculté (ou cette ancienne vie peut-être) en écrivant des pages et des pages sur des personnes dont je ne connaissais que peu de choses. Je lisais ce que j'avais canalisé, la peur au ventre, et toutes me remerciaient et approuvaient ce que j'avais rédigé. J'avais fait le choix de m'aider de cartes divinatoires pour me rassurer et cela fonctionnait de la même façon.

Pour résumer, j'écrivais sur des personnes dont je ne savais rien, qui décrivaient leur état intérieur, leur vie, et parfois même leur futur. Mais qu'allais-je faire de cela ? Je continuais, dans l'ombre, mes recherches à ce sujet, ne découvrant bien évidemment pas grand-chose de plus. C'est ainsi que je décidai de faire le grand saut ! J'étais capable d'aider les autres d'une manière complètement irrationnelle, mais je devais me rendre à l'évidence, cela fonctionnait. Et comme je ne sais rien faire dans la demi-mesure, je pris l'initiative de créer une chaîne spéciale « guidance canalisée ».

Ma première vidéo fut un véritable fiasco, que je publiai cependant aux yeux de tous. J'étais blanche comme un linge, et je lisais le fameux texte écrit en médiumnité d'une manière maladroite et peu conventionnelle, mais j'ai tout de même continué ainsi pendant quelque temps. J'avais besoin de me rassurer. Et puis, après tout, je passais les messages que l'on me donnait ! Peu importe la manière !

J'ai fait de même lors de mes consultations. J'écrivais des pages entières avant que les personnes n'arrivent, détaillant leur état d'esprit, leurs attentes et surtout de multiples conseils tous plus pertinents les uns que les autres. Une fois toutes ces informations écrites, je ne m'en rappelais quasiment plus, ce qui m'a fallu du temps à accepter, car, j'ai en général une mémoire d'éléphant, mais je ne crois pas que ce soit elle qui soit sollicitée pendant ces moments renversants.

Tous ces textes avaient une forme bien particulière, enchaînant un savant mélange de vers et de prose. Tout était très poétique, très enrichissant et avec de nombreux termes que je ne connaissais souvent même pas. C'était dense, c'était beau, c'était vivant, empli d'amour et de bons conseils. Je n'avais pas à réfléchir, tout allait très vite et je n'avais même pas le temps de relire tellement tout se bousculait dans ma tête. Je tremblais de peur de me tromper à chaque nouveau rendez-vous, mais cela n'arrivait pas. Toutes ces personnes qui venaient me voir dans l'attente de réponses avaient davantage confiance en moi que moi-même. Je ne les remercierai d'ailleurs jamais assez de tous leurs retours, de tout ce qu'ils m'apportaient sans le savoir. Chaque jour qui passait me rassurait. C'est aussi grâce à toutes ces personnes que j'ai avancé.

Seulement, les mêmes questionnements revinrent hanter mes nuits déjà fragilisées par mon extrasensibilité depuis de nombreuses années. Étais-je enfin à ma place ? Je détenais mon avenir entre nos mains, mais il s'agissait là d'un bien drôle de métier ! Comment allais-je l'annoncer ? Comment allais-je survivre au jugement des gens et de ce qu'il me restait de famille ? Mon père était-il prêt à avoir une fille médium ? Serait-il fier de ce que je faisais alors que cela faisait sans doute partie des métiers qu'il devait redouter le plus ? J'étais confrontée à un avenir incertain, fait d'invisible, de magie, et d'êtres disparus. Pourtant, tout s'installa progressivement sans que je n'eusse à me justifier. Je me sentais déjà régulièrement décalée dans tout ce que je créais, et disais ou même dans ma personnalité, voilà qu'en plus il me fallait assumer cette partie de mon être. Était-ce un don ? Un potentiel ? Ou une malédiction ? J'avais le sentiment contradictoire que cette faculté allait me révéler tout autant qu'elle susciterait devant moi des obstacles auxquels je n'avais nulle envie de me confronter. Mais que pouvait-on faire contre l'appel de son âme ?

Elle m'appelait vers une nouvelle version de qui j'étais ou plutôt vers celle que j'avais toujours été, mais que j'avais trop longtemps oubliée. Il était temps de reprendre mon destin en main et d'être enfin moi-même envers… et avec tous.

Chapitre 4

Quand la perte fait partie de la vie...

Je suis d'un naturel plutôt jovial, mais je passe aux yeux du monde pour être une sauvage et ce n'est pas plus mal. Ce que je ne savais pas encore, c'est qu'avec l'émergence, ou plutôt le retour de toutes ces facultés, la solitude et la perte allaient faire partie de ma vie à un point auquel je n'avais jamais pensé. J'ai fini par comprendre le cliché de la sorcière seule au fond de la forêt en train de mijoter des potions magiques pour passer le temps.

Il est courant de penser, en matière de spiritualité, que la solitude favorise la remise en question. Des milliers d'heures d'introspection étaient donc inscrites à mon emploi du temps. Peut-être même des millions... Plus j'avançais, plus ma vie ressemblait à une fin de guerre. Plus personne à l'horizon, des pertes brutales, de plus en plus de personnes me tournant le dos, souvent sans aucune raison valable, en tous les cas, dans mon prisme de réflexion. J'ai donc commencé à utiliser mon quota d'heures d'exploration de manière plutôt régulière.

À l'époque, ma sœur et ma meilleure amie, Julie, comblaient l'essentiel de mes manques affectifs. D'ailleurs, je considérais la seconde comme un membre de ma famille. On partageait tout. On riait aux éclats à chaque nouveau rendez-vous, à chaque nuit passée à dormir par terre ou encore chaque journée à se balader et à se goinfrer de pâtes à crêpes crues. On se connaissait depuis la primaire, on s'écrivait des lettres tous les jours ou presque. On se voyait tous les week-ends.

Puis, elle partit en classe préparatoire de langues étrangères pendant que je commençais, pour ma part, mes études en fac d'histoire, à Lyon. Je rentrais quasiment tous les week-ends de Lyon, et m'empressais de prendre soin de ma sœur, qui n'était pas au mieux de sa forme, prise dans un contexte familial difficile. Je ne manquais jamais non plus d'appeler Julie.

Seulement, en très peu de temps, nos rapports ont changé du tout au tout. Elle s'est éloignée, m'a reproché d'être étouffante, désireuse de vivre « autre chose » et semblant avoir de moins en moins de considération pour les personnes qui n'étaient qu'« à la fac ». Ne me demandez pas le rapport, je ne l'ai jamais saisi moi-même ! L'enseignement, au sein des classes préparatoires, se prévalait d'un niveau bien supérieur aux facultés et je remarquai que la lutte des classes, des genres ou encore l'intolérance prenaient source dans beaucoup d'institutions. C'est ainsi que notre histoire se termina sans qu'elle ne me donne plus jamais de nouvelles, excepté le jour de l'enterrement de ma petite sœur quelques années après. Je reçus en effet une carte impersonnelle où était inscrit le très conventionnel « Sincères condoléances ». J'aurais pris une douche glaciale en Alaska, cela aurait été plus réchauffant pour mon cœur brisé en quarante mille morceaux. C'est ainsi que j'ai perdu deux sœurs en l'espace de très peu de temps.

Ce que je ne savais pas encore, c'est qu'à partir de ces épisodes, survenus tôt dans ma vie, celle-ci ressemblerait à une pièce de théâtre toujours semblable, l'entrée des artistes, la pièce rocambolesque, la sortie des acteurs. Chaque histoire recommençait inlassablement avec le même scénario, tel un cycle se perpétuant sans cesse. Je souffrais chaque fois un peu plus de ces pertes d'amitié.

La raison invoquée à chaque fois ? Moi.

Dans l'ordre, on me reprochait d'être : « bizarre », « égoïste », « trop complexe », «me sentant supérieure aux autres », « difficile à comprendre », « appartenant à une secte » ou mieux « absolument incroyable, mais trop... ».

Tous ces reproches bien emballés dans un texto en guise d'Adieu sous-jacent et un silence sans plus aucune explication. J'ai passé des nuits entières à pleurer, à ne pas comprendre ce que l'on me reprochait. J'avais bien des défauts comme tout le monde, mais je ne me reconnaissais pas dans les termes évoqués, aussi bien les plus élogieux que les plus cyniques. Étais-je condamnée à finir seule et à ne voir que passer les gens dans mon sillage ? Où était-ce en réalité le point de départ d'une vie dont la perte ferait partie ? Je me suis posé ces questions un bon million de fois sans trouver véritablement d'explications. Et d'ailleurs, y en avait-il ? Je n'en étais pas plus certaine que cela, mais mon cerveau avait sans cesse besoin de comprendre les failles, les blessures, les non-dits, tout autant que l'amour, la spontanéité et la joie. Je ne sais pas exister sans saisir le sens de ce que je vis.

Je garde néanmoins des souvenirs incroyables de tous ces instants partagés avec ces personnes qui ont bercé mon quotidien. Elles ont été des éléments forts de la révélation de ma personnalité que j'ignorais.

Anne m'a appris l'extrême tolérance et le non-jugement, menant une vie qui pourrait s'apparenter à une histoire dépravée, mais qui découlait, en réalité, de l'intime conviction qu'elle ne méritait aucun amour sincère. Anne se prostituait la nuit et le jour occupait un poste à responsabilités. Elle aimait « ce travail » (celui qui dérange !), et trouvait chez chacun de ses clients un peu de l'amour dont elle avait tant manqué pendant des années. Certains étaient révoltés de ses choix, d'autres s'inquiétaient. Moi je l'adorais. Elle riait toujours, bien que son âme fût torturée. Je savais que cette vie-là ne lui convenait pas tant que cela et que ses rêves d'enfant finiraient par la retrouver. Grâce à elle, j'ai appris à être présente même si son fonctionnement ne me plaisait pas toujours. Anne était une belle âme, toujours prête à aider et à offrir sa joie et ses bras si l'on en avait besoin. Pour quelle raison ne fait-elle plus partie de ma vie aujourd'hui alors, allez-vous me dire ? Je ne le sais pas plus que vous. Elle a simplement décidé de partir sans plus d'explication. Je garderai en mémoire ses paires de chaussures complètement déjantées, ses cheveux de toutes les couleurs et sa personnalité qui m'ont permis de comprendre que l'on pouvait être soi, même si les choix effectués dérangent fortement.

Angèle m'a appris à être plus douce avec moi-même et à écouter véritablement les personnes. Elle fait partie de mes plus grandes pertes même si je ne lui ai jamais dit. J'ai souffert pendant de longues années de son absence. C'était devenu une amie incroyable. On partageait tout... de nouveau... un peu comme des sœurs. Décidément, l'histoire aime se répéter. L'une et l'autre, nous nous sommes investies corps et âme dans cette relation. On s'appelait régulièrement, on se voyait très souvent. Elle était ma *Barbie*, j'étais sa *Cruella*. Curieuses façons de se nommer, j'en conviens. Ses surnoms venaient d'une rencontre fort peu probable. Elle habitait un appartement parisien situé au-dessus du mien et me paraissait terriblement froide à chaque fois que je la croisais. La cause de cette froideur ? Elle était, persuadée que j'étais mal intentionnée. J'ai souhaité briser la glace un jour de fortes chaleurs et nous ne nous sommes plus quittées avant plusieurs années après.

J'étais partie de Paris depuis environ deux ans pour migrer du côté de Bordeaux, proche de l'océan. Depuis l'arrivée de son fils, je sentais un certain détachement et une Angèle que je ne reconnaissais plus. Je souhaitais l'appeler comme on le faisait si souvent, mais je n'avais le droit d'envoyer des messages qu'à des horaires d'appels très précis situés entre huit heures et huit heures trente et entre dix-sept heures et dix-sept heures trente. Je ne comprenais pas pour quelle raison je ne pouvais la joindre en dehors de ces horaires qui m'étaient plus que contraignants, ayant déjà une fille à charge et un métier qui me prenait aussi du temps. Je restais néanmoins compréhensive. Le fait d'être maman n'est pas toujours simple à gérer, surtout dans les premiers temps. Cependant, à une période, j'ai eu vraiment besoin d'elle. En l'espace de deux mois, je vécus deux grossesses sous stérilet. La première, alors que l'on avait décidé de le garder, se termina par une fausse couche annoncée au téléphone comme si ce n'était pas grave, avec comme conclusion : « De toute façon, vous étiez sous contraceptif donc c'est finalement une chance, non ? ». La seconde par un avortement médicamenteux qui fut une très grande souffrance, le deuil de la première grossesse n'étant pas encore digéré. J'avais vraiment besoin d'elle à ce moment précis de ma vie. J'allais terriblement mal, mais il m'était impossible de lui parler. J'étais capable de comprendre beaucoup de choses, mais j'avais besoin d'entendre et de saisir le sens de ses silences. Après la perte de mes deux bébés, l'une de mes meilleures amies sortait aussi de ma vie ! C'est ainsi que dans les pleurs et la douleur, j'ai dû effectuer trois deuils en même temps. Elle n'est jamais revenue et il m'arrive encore de regretter qu'elle ait disparu de mon horizon.

Il y eut aussi Sacha, partie après quinze ans d'amitié, toujours par messages interposés. Cléo, qui aurait dû être mon témoin, et a estimé que l'amitié était trop compliquée avec moi, six mois avant mon mariage, refusant un appel que je voulais lui passer. Marlène, à qui je n'ai moi-même plus donné de nouvelles, après avoir appris qu'elle mentait à tout le monde depuis des années. Elvira, Chloé, Magalie, Stéphanie. Un éternel cycle se répétait qui me paraissait de plus en plus violent à chaque épisode. C'est ainsi que j'ai fermé ma porte à de nombreuses personnes pendant de longues années de solitude et d'introspection.

Mon insatiable soif d'amour avait, en réalité, besoin de se retrouver seule avec elle-même. Ce que je ne réalisais pas encore, c'est qu'à chaque nouvelle épreuve, j'évoluais, je changeais de vibration et d'énergie, et tel un jeu évolutif, je transcendais une nouvelle réalité, chaque fois plus haute et plus forte. Je me transformais progressivement en papillon.

Les animaux ont, par ailleurs, toujours eu une place particulière dans ma vie. C'est en 2018 que je perdis une chienne qui, sans être vraiment la mienne, tenait une grande place dans mon cœur. J'eus l'impression pendant plusieurs mois qu'une partie de moi-même avait été blessée. Je rencontrai Fidji en décembre 2015. Son gardien ne m'était pas inconnu puisqu'il allait devenir mon mari quelque temps plus tard. C'est d'ailleurs grâce à elle que ce dernier accepta de me laisser entrer dans sa vie malgré la mienne, complètement détruite à cette époque-là. J'étais en plein divorce et conflits internes, j'avais perdu tous mes repères et je maudissais le ciel d'avoir un jour connu l'amour. Je tenais le choc grâce à ma première fille, alors âgée de trois ans tout juste. Je ne savais pas ce que j'allais devenir, la rue me guettant déjà, étant donné l'état de ma vie et de mes finances réduites à néant, tout comme moi à dire vrai. Je venais ainsi de rencontrer Sébastien, persuadée qu'il ne resterait qu'un ami pendant de longues années. C'est ce qu'il est finalement devenu et encore plus.

C'était donc en décembre que Sébastien m'invita dans son appartement et qu'à sa grande surprise Fidji, un shar-pei de quelques années, s'assit et me donna la patte. Cela me sembla une évidence. Beaucoup moins pour Sébastien. Il semblerait que ce comportement ne lui était que purement dédié. C'est ainsi que mon futur mari me fit une place dans sa vie, en même temps que je lui en faisais dans la mienne et que Fidji intégra notre famille remplie d'amour. Tout le monde l'adorait au sein de notre domicile. Elle était un peu notre fille. Elle nous remplissait de merveilleux souvenirs, nous accompagnant partout. Un jour, tout bascula sans même que nous nous rendions compte de sa douleur.

Depuis quelque temps, elle s'affaiblissait, mais nous pensions que c'était lié à son âge. Par précaution, nous l'emmenâmes chez le vétérinaire, qui nous fit amèrement regretter de ne pas nous être inquiétés plus tôt. Il ne lui restait que dix pour cent de ses capacités respiratoires, le reste étant envahi d'eau. Elle était en train de se noyer sans même que nous l'ayons vu. C'est ainsi que nous avons dû faire « le choix » du décès progressif ou de l'euthanasie. L'euthanasie fut décidée, mais coriace et aimante, elle ne voulut pas partir sous notre regard. Les deux piqûres ne lui firent finalement pas grand-chose. Elle continuait de respirer, suffoquant sans fin. L'expérience fut atroce. Nous avons dû fermer la porte, la laissant s'envoler ailleurs, l'ultime piqûre étant portée directement dans le cœur.

Quatre ans plus tard, les larmes coulent encore sur mon clavier, la douleur toujours autant présente. J'ai appris ainsi à écouter davantage les animaux, à les regarder différemment et à comprendre que ce sont des parties de nous - même. Aujourd'hui, j'ai la chance de les voir régulièrement dans mes archives akashiques ou dans certains de mes soins. J'ai conscience que ce sont des messagers importants, alors j'ai toujours autant de plaisir à vous dire que votre chat, chien ou oiseau est présent près de vous. Je parle désormais avec mon grand berger suisse, ma Moon, chaton récupéré auprès d'une association, mes animaux-guides aussi. Ils sont devenus pareillement des parts de moi-même que j'explore jour après jour.

Il y eut également Plume, petit chaton sauvé alors qu'il était dans un état lamentable. Il intégra notre famille et fit la joie de mes deux filles pendant quelques mois. Notre bonheur fut de courte durée puisqu'il s'échappa de notre maisonnée un jour d'inattention. Alors âgé de six mois, nous avons espéré de longues semaines son retour. Nous avons cherché partout, alerté tout le village et j'ai appris également à utiliser ma médiumnité pour tenter de le retrouver. Autant chercher une aiguille dans une botte de foin tant les champs et les forêts s'étendent à perte de vue aux alentours de chez nous, tous semblables. J'ai beaucoup pleuré pour lui. Je me suis alors demandé s'il y avait une énième raison à cette disparition qui me faisait, encore une fois, tant souffrir. Nous avons ainsi décidé de faire appel à une médium spécialisée dans la communication animale.

Curieusement, elle souleva des points essentiels à notre vie de couple que nous avions toujours du mal à évoquer : ma fausse couche et mon avortement qui nous avaient autant terrassé l'un que l'autre, mais que nous n'avions jamais véritablement réglés ensemble.

Les disparitions d'animaux viennent-elles ainsi faire évoluer notre rapport à la perte et à la mort ? Était-il parti pour nous aider dans ce processus ? Sont-ils, de cette manière, des messagers des disparitions que nous n'avons pas voulu regarder en nous ? Il est vrai que sans cela nous en serions toujours au même point, ressassant toujours les mêmes rancœurs et les reproches qui avaient pris beaucoup le pas sur notre mariage. J'ai donc à nouveau pleuré, et à nouveau extériorisé ma peine, si grande et si présente, dans chacun de mes gestes, sans que je ne m'en rende vraiment compte. Plume n'est jamais rentré. Je ne sais toujours pas où il est, mais je le remercie pour la transformation qu'il nous a apportée.

Dans mes heures les plus sombres, la mort faisait partie intégrante de ma vie. Mort d'une partie de moi-même, et de mon entourage. Vous avez ainsi compris que le décès de ma sœur fut une des épreuves les plus terribles de ma vie, mais s'en est suivi d'autres pertes toutes plus difficiles les unes que les autres. Nul besoin de tomber dans le larmoiement excessif, mais il y a quand même un ange dont j'aimerais évoquer l'existence. La connaissant, elle serait ravie que je lui dédie un petit bout de mon histoire. Cette femme, c'est ma grand-mère Paulette, surnommée Paule, car elle détestait son prénom. Ma fille Opale a hérité de la couleur de ses yeux bleus et je n'en suis pas peu fière. Je sais aujourd'hui qu'elle fait partie de mes guides tellement elle intervient régulièrement quand je perds espoir en mes capacités. De son vivant, nous n'étions pas fusionnelles, mais je savais que nous avions une connexion particulière. Je me souviens encore du jour de l'enterrement de mon grand-père qu'elle aimait tant où, pour la première fois de ma vie, je la vis détruite par la douleur. Elle me prit dans ses bras à l'arrivée devant l'église. Ses seuls mots étaient « Oh, ma Chérie, il me manque tellement ! ». Je comprenais inévitablement ce qu'elle ressentait. C'était son double, sa moitié et celui qui la tenait quand elle pouvait perdre pied, perdue dans ses pensées. C'est la seule fois où je l'ai vue pleurer de toute son âme. Je savais déjà, comme nous tous, que ce serait le début de la fin pour elle.

Avait-elle une raison de continuer à vivre ou de faire semblant, alors qu'elle avait perdu l'homme qu'elle avait connu à l'âge de trois ans ? Tout le monde connaissait la réponse. Elle avait comme soutient sa foi inébranlable pour la religion catholique. De temps à autre, je me demande d'ailleurs comment elle aurait réagi à mon métier de son vivant. M'aurait-elle perçue comme tant d'autres ? Étrange, bizarre, folle à lier ? Je crois que cela lui aurait fait peur, mais ressentant sa présence régulièrement aujourd'hui, je pense qu'elle a dû l'accepter. D'autant plus qu'elle cherche de temps à autre à communiquer, car je l'aperçois régulièrement dans mes rêves avec mon grand-père pour me transmettre des messages.

Quand elle est partie rejoindre l'amour de sa vie, j'étais heureuse pour elle. Elle n'était plus présente depuis bien longtemps, subissant des troubles de la mémoire récurrents et ne paraissant plus vraiment heureuse. Ce fut une des rares pertes qui me soulagea, tant je connaissais sa douleur, moi qui la porte encore chaque jour de mon existence. Gardez bien en tête son prénom, car vous la retrouverez plus tard, elle et ses apparitions rocambolesques !

Mon quotidien est très souvent bercé par ces fameux tests de la vie. Il y en a notamment un qui se manifeste à chaque fois que mon être n'est plus aligné avec qui je suis : les épreuves matérielles. Oui, nous sommes régulièrement éprouvés sur ce point et je suis d'ailleurs devenu une spécialiste de l'abondance en tous genres tant ce phénomène me fascine et se constate au moindre faux pas ou « bonne direction » que je prends. En d'autres termes, dès que je m'éloigne de mon chemin, que j'oublie qui je suis ou encore que je fais des choix « par défaut » ou par « besoin de reconnaissance » ou simplement parce que je n'ai plus confiance dans là-haut, je subis un « rappel à l'ordre » jusqu'à tant que je comprenne.

Cela ne va pas non plus avec mon sens du perfectionnisme qui, de ce fait, est démultiplié à outrance. Ce que j'ai mis du temps à comprendre, c'est qu'absolument personne ne me demandait d'être parfaite, mais seulement authentique. Cela fait toute la différence, mais se situe bien loin du modèle de société imposé un peu partout autour de nous ! Personne ne m'avait appris à être vraie et c'est un apprentissage ! Surtout quand nous passons la majeure partie de notre temps à nous oublier, à faire passer les autres avant nous et qu'en plus, il faut être toujours présente, quoi qu'il arrive.

J'ai eu un premier mariage qui ne dura que quelques années, tant nous étions parfaitement incompatibles. Seulement, je refusais de le voir. De plus, j'avais quitté l'Éducation nationale deux ans auparavant et je n'arrivais pas à développer mon entreprise de coaching. Pourtant, j'étais douée, je le savais et tout le monde me le disait. Je ne m'en sortais pas seule financièrement et nous avions une petite fille de trois ans. Toutes mes demandes pour reprendre un travail n'aboutissaient pas et j'ai eu de nombreuses fois faim, sans parler de l'ambiance à la maison. C'est ainsi que j'ai failli me retrouver à la rue avec mon enfant et trois cents euros pour vivre parce que je m'imposais des situations humiliantes qui ne me ressemblaient aucunement. Je n'arrivais pas à prendre la décision qui ferait basculer ma vie pour le mieux : divorcer.

Alors, tout s'écroulait progressivement, mais sûrement ; mes finances, ma vie, mes amis, mon couple, mes envies, ma joie... C'est d'ailleurs à cette même période que la maladie faisait régulièrement partie de mon quotidien. Je ne compris que plus tard que c'était le plus beau signe de dysfonctionnement émotionnel du monde. Vous vous imaginez bien que l'on n'apprend pas cela à l'école, ni même ailleurs ! À force d'étouffer et d'être quelqu'un d'autre que moi, j'ai fini par conscientiser, qu'il fallait que je quitte cette vie qui ne m'épanouissait pas. J'avais très peur, mais je sentais que cela était juste pour ma fille et moi.

Je me suis donc mieux écoutée, pour la première fois depuis des années entières et j'ai tenté une nouvelle méthode, beaucoup plus efficace que les lamentations sur son propre sort : l'action ! J'ai pris la grande décision de divorcer malgré le fait que je savais ne devoir trouver ni maison, ni refuge, ni biens matériels qui pourraient me sécuriser. J'ai fait confiance. Je n'avais plus que cela de toute manière, ma dignité de femme ayant disparu depuis bien longtemps ! Et là, tout s'est encore davantage écroulé. Mon futur ex-mari avait pris le parti d'être dans une énergie franchement difficile à supporter, quant à moi, j'étais régulièrement « ailleurs » ou en colère. Je savais que nous allions bientôt rendre notre maison et qu'aucune agence n'accepterait mon dossier. J'ai remué ciel et terre pour trouver un travail, un logement et de quoi nourrir ma fille, mais absolument tout était bloqué. L'ambiance à la maison était devenue invivable et je rencontrai, dans le même temps, Sébastien, pour qui j'ai eu un coup de foudre à retardement. Il ne manquait plus que cela, moi qui étais en colère contre l'amour ! Ce fut en réalité mon cadeau du ciel. Cette rencontre changea ma vie à jamais. Il m'aida à reprendre confiance en moi, à entrevoir un avenir alors que tout était contre nous, il aima Emily comme sa fille et m'offrit une perspective d'avenir. Ainsi, je repris doucement confiance en la vie et en ce que j'étais capable de réaliser.

Vint à moi une première opportunité, une seconde, encore une autre puis la possibilité d'une maison pour sortir de l'enfer à la seule condition que Sébastien vienne habiter avec moi pour sécuriser l'agence de son salaire fixe. Nous avons, ensemble, décidé de faire confiance au destin. Après tout, n'était-il pas en train de nous récompenser de toutes ces épreuves ?

Chapitre 5

La simplicité d'une vie de « sorcière »

Et si au sein de chaque épreuve de vie se cachait en réalité un cadeau du ciel ? C'est une bien belle théorie que j'ai apprise au fur et à mesure des années. Toutefois, en ce qui concerne le décès de Fanny, il m'a fallu quelques années avant de comprendre ce qu'on voulait me dire. Sur le coup, j'ai eu davantage envie d'étrangler mon interlocuteur, passant par des phases de rage intense et de tristesse éparses. Cela est davantage facile à comprendre et à conscientiser quand nous vivons une perte d'emploi et que nous finissons par construire l'entreprise de nos rêves. Néanmoins, aujourd'hui, je suis capable d'expliquer que sans les épreuves que j'ai expérimentées, ma vie aurait été tout autre. Plus mon chemin avançait avec perte et fracas, plus je comprenais ce que la vie voulait me faire assimiler. Outre la résilience, un autre grand phénomène trop peu développé en spiritualité à mon sens : le «je m'en foutisme». Certains l'appelleront «lâcher prise», mais quand nous ne savons même plus à quoi nous raccrocher, je ne suis pas certaine que ce soit le meilleur terme. Que signifient véritablement ces deux mots hormis une théorie ne permettant pas véritablement à l'être émotionnel que nous sommes de s'exprimer ? Ne jamais opposer aucune résistance au monde, aux gens, à la vie : est-ce véritablement la solution à tous nos soucis ? Ne briment-elles pas un processus naturel de l'humain dans l'expression de soi ? Comme tout dans ce vaste monde, il me semblait que le « lâcher-prise » était utilisé à outrance au point de ne même plus tenir compte de l'importance de ce que les êtres humains ont besoin de vivre, même dans la résistance. C'est empli de ces questionnements que j'ai ainsi expérimentés cette grande théorie. Non sans mal, puisque ma vie est régie par le contrôle permanent et le perfectionnisme abusif ! (Sinon ce ne serait pas drôle !) Il ne m'aura fallu, qu'une seule expérience pour comprendre ce que signifiait « cadeau du ciel et abondance de la vie ».

Je vous replante le décor : été 2016, nouvel amoureux, Sébastien, mais factures impayées, difficultés financières, aucun emploi à vue, divorce conflictuel, etc... Il n'y avait donc d'idyllique que la saison et le nouvel amour ! Je regardais mon triste agenda vide de rendez-vous et le déclic, comme une phrase sortie de nulle part : « Et si on partait en vacances ? ». Logique. La nana fauchée jusqu'au bout des ongles qui, prise soudain d'un taux d'alcoolémie à jeun, décida de creuser encore un peu plus son compte en banque, histoire de bien s'enfoncer ! Écrit comme cela, c'est du suicide ! Dans la réalité, c'est du « je m'en foutisme » accompli. Sébastien, ayant une forte envie de retrouver ses terres natales c'est-à-dire la Bretagne, nous voilà donc partis quinze jours chez ses parents ! Je ne connaissais rien à cette région et j'étais ravie de changer d'air. Aucune culpabilité, simplement une phrase dans ma tête : « Bon, foutue pour foutue ! Autant partir ! ». Je n'avais pas tort. Entre attendre que le téléphone sonne en plein mois d'août et se balader en pleine nature dans des endroits paradisiaques, le choix était vite fait. J'ai passé des vacances entre terres et mers, naviguant entre inquiétudes, déconnexion totale et chemins parsemés de petits bonheurs. Bien évidemment, mes amis les âmes avaient décidé, elles, de continuer à me montrer le chemin.

Jeune couple que nous étions au tempérament fougueux, nous nous disputions, à nos débuts, assez fréquemment. Même en vacances. Tête brûlée que j'étais, début de soirée de pleine lune, je décidai de claquer la porte de la voiture après une remarque de mon amoureux qui m'avait blessée. Je trouvai refuge dans un enclos protégeant un pigeonnier sombre au milieu du terrain. Une forêt longeait cet endroit lugubre. Je ne me sentais pas très rassurée au sein de cette atmosphère, mais ma fierté me poussa à continuer de marcher. La forêt me paraissait plus apaisante et je me mis dos à un arbre afin de me calmer. C'est alors que j'entendis une personne marcher. Les pas se rapprochaient de plus en plus de ma cachette. Haaa le bougre ! Il m'avait trouvée ! En réalité, j'étais plutôt soulagée que Sébastien vienne à moi, car la nuit commençait à tomber et je me sentais de moins en moins rassurée dans ce lieu que je trouvais tout de même de plus en plus particulier. Mon ego me dicta de ne surtout pas bouger et de faire mine d'être ailleurs. Les pas continuaient en long, en large et en travers. L'angoisse finit par m'envahir et je me retournai enfin pour courir dans les bras de mon chéri. Mais il n'y avait personne. La panique m'envahit. Je courus de toutes mes forces pour sortir de cet endroit maudit et j'appelai Sébastien, mais personne ne me répondit. Quelques minutes plus tard, l'homme de ma vie réapparut enfin. Quel soulagement !

« Ouf ! C'était bien toi qui étais là à me chercher. Pendant un moment, j'ai cru que j'avais eu des hallucinations auditives !

— De quoi me parles-tu ? Où étais-tu ? J'étais cachée ici, dos à un arbre.

— Là où il y a le pigeonnier ?

— Oui. Je t'ai entendu m'approcher, mais quand je me suis retournée tu devais déjà être parti.

— Je ne suis pas rentré au sein de cet enclos, ma chérie ! Je me suis dit que tu ne viendrais jamais ici. Cet endroit est bizarre, tu ne trouves pas ? »

J'ai dû devenir très pâle les seuls mots qui sont sortis de ma bouche furent « On s'en va vite !!! ».

Hormis ce délicieux moment, nous passâmes un formidable séjour. À notre retour, nous étions revigorés, mais les angoisses remontèrent aussi vite qu'elles avaient disparu. Les valises défaites, le retour à la réalité fut brutal. Je décidai néanmoins d'aller ouvrir ma boîte aux lettres avec la peur de découvrir de nouvelles factures impayées. Au lieu de cela, je découvris une seule lettre adressée à mon nom. Qui pouvait bien m'écrire ? Au dos, l'adresse de ma grand-mère, la fameuse Paule. Tiens ? J'étais pourtant persuadée que sa tête lui faisant beaucoup défaut ces derniers temps, elle n'arriverait plus à m'envoyer quoi que ce soit. J'ouvris l'enveloppe et je découvris un chèque de... cinq mille euros ! Un petit mot joignait ce merveilleux cadeau. Tout d'un coup, tout s'éclaircit ! J'allais enfin pouvoir continuer mes activités, payer mes factures et manger à ma faim quelque temps. Une pause dans la tempête. J'avais appris à vivre avec trois cents euros par mois, alors cinq mille euros, vous imaginez !!! J'ai rarement autant pleuré de soulagement à la vue de ce chèque. Il changea ma vie pour toujours et je compris à cet instant précis ce que voulait dire « faire confiance à l'univers ». Comme dirait le livre que je suis en train de dévorer en ce moment même, « le plan est toujours parfait ». Si l'on nous refuse une chose, un travail, une relation ou toutes autres frustrations du quotidien, c'est qu'il y a une raison. Combien de personnes ont déjà expérimenté que ce qui devait être une épreuve de vie est finalement devenu une magnifique opportunité de changer de carrière, de réaliser ses rêves ou encore de se libérer de ses chaînes ? Est-ce que j'aurais continué à travailler ma mission d'âme si l'on avait accepté ma candidature à un poste de salarié ? Je n'en suis pas certaine. Ce que j'ai longtemps cru être des coups de malchances s'est avéré en réalité de magnifiques opportunités de vie.

C'est dans ce nouvel état d'esprit que j'ai abordé beaucoup plus sereinement les mois de confinement imposés par les gouvernements de la plupart des pays du monde lors de l'épidémie de COVID en 2020. Du jour au lendemain, nous avions interdiction de sortir, sinon une heure par jour. J'ai abordé calmement cette période qui aurait pu me terroriser. J'avais en mémoire cet épisode de la Bretagne et j'avais conscience que je ne pouvais rien y faire ! J'ai donc passé les quinze premiers jours très tranquillement, mais très vite la peur de manquer commença néanmoins à se faire sentir. Les aides proposées par le gouvernement n'étaient pas disponibles avant plusieurs mois et Sébastien n'avait aucun droit. Ma grand-mère était décédée quelque temps auparavant et j'étais heureuse de savoir qu'elle ne connaîtrait jamais cet isolement. Bien maligne néanmoins, elle me fit l'heureuse surprise de son héritage à ce moment précis. C'est mon père qui m'appela un soir d'avril et qui me dit tout naturellement qu'il me faisait l'avance sur cet héritage pour me permettre de ne pas m'inquiéter durant cette période. Une nouvelle fois, Monsieur Univers avait bien fait son job !

L'intégralité des aides de l'État tomba en août 2020 pour ma part. Sans celle, providentielle, de ma grand-mère et de mon père, il m'aurait été impossible de vivre correctement avec mes enfants, n'ayant absolument aucune rente de côté. J'ai pu, ainsi que ma famille, « profiter » de cette période, de mes enfants et conserver mon énergie pour mon entreprise. Encore une belle promesse pour l'avenir.

L'abondance, sous toutes ses formes, ne s'arrêta pas là. Plus je comprenais le fonctionnement, plus je me régalais de voir l'existence d'une autre façon. Je transformais progressivement une vie de luttes et de combats perpétuels en une vie de mouvements. Je me rendais compte qu'à chaque nouvelle prise de décision une porte s'ouvrait, me permettant d'aller un peu plus vers ma destinée de « sorcière des temps modernes ».

Depuis plusieurs mois, j'occupais un cabinet dans un centre de thérapeutes. J'avais fait le choix de l'occuper à mi-temps, pour me permettre de réduire les frais, mais les difficultés de partage de lieux et d'emploi du temps se firent de plus en plus contraignantes et je me sentais de moins en moins libre de mes faits et gestes. Qui plus est, ce local était situé dans une zone urbaine et j'aspirais à être plus proche de la nature. Seulement, aucune opportunité de déménager dans un cabinet plus en adéquation avec mes valeurs ne se profilait ou bien à des tarifs prohibitifs. Un jour, j'ai acté mon envie de partir sur le papier, et, fin de contrat signé, je me suis senti pousser des ailes et j'ai laissé le destin opérer avec une grande confiance. Devinez quoi ? La « fée Clochette » est de nouveau arrivée. Quelques jours ont suffi pour que je vois apparaître une annonce pour un local bien-être sur Andernos, ville portuaire du bassin d'Arcachon, à un prix plus que correct. Bizarrement, l'annonce était là depuis plusieurs semaines, ce qui est franchement impossible dans le coin, si vous connaissez un peu le secteur de l'immobilier ! Arrivée devant ce magnifique endroit dès le lendemain, je fus subjuguée par ce local qui ressemblait davantage à un appartement chamanique qu'à une pièce à vivre. Il était grand, spacieux, avec une mezzanine, une salle de bain et un sauna. De magnifiques mandalas et décorations ornaient les lieux et les murs. Je suis tombée littéralement amoureuse de cet espace, sans vous parler du prix de location qui était plus que raisonnable ! Une véritable aubaine au sein de la ville que j'adorais par-dessus tout, avec ses forêts et son bassin adjacents. L'univers continuait ses merveilleux cadeaux auxquels j'étais si peu habituée auparavant. Ils étaient pourtant tous là, à portée de main, pour moi qui avais tant manqué et souffert. Tout s'ouvrait enfin, comme par enchantement.

En venant travailler dans la ville de mes rêves, je me suis rappelé que j'avais toujours eu pour projet de venir emménager à cet endroit.

Oserai-je une nouvelle fois faire confiance à mon nouveau meilleur ami, l'univers ? Et pourquoi pas, après tout ? Il paraît qu'il est généreux avec les audacieux.

Vous me croirez si vous le voulez, le même jour, Clara, la propriétaire adorable du local, me demanda si je ne cherchais pas à déménager, car elle louait sa maison à Andernos ! Évidemment, les yeux brillants comme un cocker en manque d'amour, j'acceptai de venir visiter la maison. Coup de cœur immédiat, tout était à notre image, tout était parfait... sauf la décision de Sébastien que je n'avais pas vu arriver. Monsieur n'aimait pas le logement qu'il trouvait trop « étouffant », pas assez adapté à notre vie. Je savais qu'on ne retrouverait plus une opportunité comme cela avant au moins dix ans. Le cœur lourd, la larme à l'œil, je me vis refuser l'opportunité d'un changement de vie paradisiaque. J'ai ressassé cet évènement pendant des mois et des mois. Puis, j'ai réactionné la manœuvre pour retrouver un logement. J'étais prête à renouveler l'expérience. Au printemps, vœux de nouvelle lune clairement exprimés sur papier (ce sont nos envies les plus folles que nous écrivons lors de rituels à la lune noire), j'envisageais de toutes mes forces mon futur déménagement !

Quelques semaines plus tard, Clara m'invita à une soirée conviviale entre entrepreneurs de la zone artisanale dans laquelle j'étais installée depuis une année maintenant. Le matin même, je n'étais plus trop inspirée par cette réunion, étant très fatiguée de mes journées. Par manque de motivation, mais avec un léger doute, je décidai de me tirer une petite carte de développement personnel pour m'aider à trancher. La carte du jour était plus que claire :

« Réseautez ! ».

J'allais donc à la soirée qui se déroula tranquillement sans qu'il ne se passe de faits marquants. J'allais partir quand Clara me dit : « Tu ne connais personne qui souhaite louer une maison sur Andernos ? ». Évidemment, j'ai bondi sur l'occasion : « Si, moi ! ». Elle remettait sa superbe maison sur le marché de l'immobilier, les locataires partant dans deux mois !!! Le destin me représentait cette occasion manquée. Dès le soir, je réussis à convaincre mon mari d'aller visiter de nouveau la fameuse maison en bois que j'aimais tant. Il la trouva finalement très à son goût (les hommes...) et, comble du destin : les propriétaires nous laissaient tous les meubles et les jouets pour les filles ! Je n'en croyais ni mes yeux ni mes oreilles ! Finalement l'univers n'était pas si rancunier !

Il est même très présent à celui qui souhaite le voir. J'ai appris à décrypter progressivement les signes de son existence pour m'aligner chaque fois un peu plus sur mon chemin, quitte à suivre les plumes qu'il y déposait pour moi. Elles étaient toujours là dès que j'en avais besoin, symbolisant l'air, le vent, la liberté d'être, mais aussi mes anges. J'adore ces plumes d'un blanc flamboyant ou d'un noir bleuté, toujours bien déposées à mes pieds, à l'entrée de mon cabinet ou encore semblant collées sur un mur. J'avais un peu l'impression d'être suivie et d'être attendue par-delà les frontières et les tourments de ma vie. Alors que certains n'y voient « que » des plumes d'oiseau, elles sont un peu le moteur de mon cœur. Après tout, quand la plupart des personnes ne voient que l'orage, je ressens un appel de la tourmente planétaire et quand d'autres n'entendent qu'un son, j'y perçois les vibrations de l'âme. J'ai espoir qu'un jour mon quotidien deviendra celui de millions d'autres personnes et que l'âme reprendra sa place si évidente.

C'est doté de cette nouvelle vision que je me rendais compte combien l'Énergie Universelle était présente. Une véritable révolution pour mon âme qui, meurtrie de ses expériences passées, se sentait terriblement seule. Les cadeaux de clients et de connaissances pleuvaient chaque semaine un peu plus. « Offrandes » créatives au pied de ma porte, pages de remerciements pour le soleil que j'apportais chez chacun, ou encore présents financiers parce que je « ne prenais pas assez cher vu le temps que je passais avec les gens. ». Moi qui souffrais régulièrement d'un manque de légitimité et de valeur personnelle, tout ceci me paraissait invraisemblable, incroyable, mais tellement gratifiant. J'ai appris à accepter, à ne pas me dénaturer et à comprendre progressivement que j'avais le droit de recevoir aussi bien que de donner.

Forgée de ces nouveaux enseignements de la vie, j'ai souhaité en faire profiter toute ma famille, surtout mon mari. En effet, encore aujourd'hui, je ne sais comment parler de tout ce que je vis et de qui je suis vraiment à mes enfants. J'ai bien tenté de marquer « sorcière » sur les fiches de renseignements de l'école, mais je ne trouve jamais la catégorie socio-professionnelle correspondante. Je suis toujours très ennuyée quand ma grande fille me demande mon métier. Je reste plutôt floue, en évoquant le fait que j'aide des gens grâce à la magie. Quelle magnifique explication pour une gamine de huit ans. Bien évidemment, elle me demande quels sont mes pouvoirs. Je décidai de lui montrer quelques cartes de développement personnel pour lui montrer que l'univers existait et qu'il y avait plus grand que nous. Je lui appris également à conscientiser ses formulations et à faire de jolis vœux pour s'aider à grandir avec plus de douceur que ce que nous impose le monde moderne. Seulement, ce dernier la rattrape à coup de « n'importe quoi », « la magie n'existe pas », « Arrête de lui faire croire des idioties». La majorité cartésienne parle. Il m'est difficile de justifier ce qui se ressent et se vit dans un pays où le visible semble être le seul regard possible. J'ai fini par dire à ma fille :

« Tu choisiras ton chemin. Moi, j'y crois, c'est mon métier. Ensuite, ce que pensent les gens, tu sais... ».

Aujourd'hui, elle a la chance d'avoir deux visions antagonistes à sa portée. J'ai fait le choix de la laisser vivre ses propres expériences et de ne dire que ce qu'elle est capable d'entendre. J'évite ainsi les histoires de fantômes mal léchés ou de maisons hantées. Je me concentre sur le ciel, les animaux et les personnes parties dans une autre sphère et le fait que l'on peut parler avec mamie Paule ou le lapin de tonton Roger. De temps à autre, nous évoquons également les rêves et leurs significations. Souvent, on me demande si je me sers de ma médiumnité avec mes enfants. À dire vrai, non, jamais. Je m'en sens incapable. J'aurais l'impression de violer leur intimité. Je respecte leurs jardins secrets comme je le ferai avec n'importe qui. Ma médiumnité n'est pas un jeu, pas plus qu'un élément de contrôle sur les personnes. C'est important de comprendre que c'est un outil d'aide qui a une contrepartie : celles de grandes responsabilités. Qui dit responsabilités, dit sagesse et choix de l'autre. Nous ne servons aucunement nos intérêts personnels hormis quand il s'agit de comprendre notre vie et d'évoluer. Pour nos enfants, c'est exactement la même chose. Croyez bien que là-haut, ils me feraient rapidement comprendre que je porte atteinte à ce pouvoir qui m'a été donné.

Nous sommes également soumis à la justice divine, et en d'autres termes, lors de tout écart à la déontologie, l'Univers se charge de nous faire comprendre que les limites ont été dépassées. Nous pouvons ainsi rencontrer des situations de blocages intenses, des énergies lourdes, des revers de situations malencontreuses ou bien pires, selon ce que l'on a effectué. Ce dernier point est très rare et ne concerne que les personnes qui pratiquent la magie noire ou autres rituels contre l'Autre ou dans leurs intérêts personnels (demande de retour de l'être aimé, par exemple, sans respecter le libre arbitre). Nos capacités sont ainsi régies par une sorte de «contrat». S'il y a atteinte, nous avons plusieurs avertissements jusqu'à potentiellement le retrait de nos facultés. Finalement, c'est plutôt rassurant. Néanmoins, cela exige rigueur et ouverture de cœur. Certains médiums finissent par être connectés à des énergies basses et néfastes et, alors que la bonne connexion nous donne de l'énergie, la mauvaise nous en prend de plus en plus. Non pas qu'être médium n'est pas fatigant, mais cette fatigue reste raisonnable et liée à nos différents corps physique, mental et émotionnel. Dans un aspect plus sombre, vous ne remontez jamais votre énergie, vos pensées sont troublées et, qui plus est, les injonctions sont de plus en plus présentes avec une dégradation progressive des messages qui induisent les personnes en erreur, sans compter l'aspect physique qui se détériore de plus en plus. Je reçois régulièrement des messages de personnes désespérées voulant la plupart du temps que je ramène leur mari ou leur femme pour ne pas «détruire une famille»! Il m'est souvent difficile de leur expliquer que ce qu'elles considèrent comme un acte d'amour est en réalité une manipulation psychologique. Cela fait aussi partie de mon rôle de stopper immédiatement ce type de comportement et de demandes, bien que je comprenne leur grande souffrance.

Mon mari avait, par contre, davantage droit à mes capacités médiumniques. Au début, pour me permettre de prendre confiance en moi, mais par la suite, il me demandait de temps à autre de l'aide pour prendre une décision ou trouver sa véritable voie. Nous passions régulièrement des soirées entières à effectuer des tirages d'oracles ou à demander l'appui de l'au-delà dès qu'un blocage perdurait trop de temps au sein de sa vie.

Seulement, au fur et à mesure que j'avais de plus en plus de rendez-vous professionnels, je me lassais progressivement d'avoir ce rôle à la maison. De temps à autre, c'est moi qui le lui proposais, mais finalement, je m'oubliais de plus en plus. J'avais dû mal à stopper ce processus, et lui aussi. Nous n'étions plus vraiment un couple, mais nous avions davantage une relation d'accompagnant-accompagné. Au début, cela me plaisait, et je me sentais utile, mais progressivement, le rythme me devint insoutenable et, guérissant progressivement de mes blessures, je compris que mon rôle n'était plus d'être son sauveur, mais sa femme ! Inévitablement, à l'annonce de cette prise de conscience, il le prit comme un abandon de ma part. Il nous aura fallu plusieurs mois d'ajustement pour comprendre l'un et l'autre nos fonctionnements et comment l'on pouvait s'aider sans la médiumnité. Nous l'utilisons désormais avec parcimonie, en temps utile et si j'en ai envie.

J'ai appris à dire non à mon mari, mais aussi aux connaissances et amis qui finissaient par nous voir uniquement sous ce jour. J'avais de plus en plus l'impression d'être une bête de foire, sans que personne ne se souciât véritablement de ma personnalité. J'ai appris à mettre mes limites et à m'éloigner des personnes qui ne comprenaient pas que je n'étais pas qu'une médium. J'étais aussi Adéline, femme sensible, drôle, à l'écoute et au fort caractère, à la fois solitaire et sociable, bourrée d'antagonismes et m'aimant ainsi. Ces quelques phrases paraissent certes très simples, mais vous verrez qu'elles sont le fruit de nombreuses remises en question.

Chapitre 6
L'Utopie de la Perfection

Ma vie tout entière tournait régulièrement autour d'un maître-mot : la perfection. Je voulais être parfaite, être la plus studieuse, la plus persévérante et la meilleure partout. En réalité, je ne le conscientisais jamais de cette manière, je passais simplement mon temps à en faire chaque fois toujours plus pour ressembler à mon idéal de personne et de vie. Je n'y arrivais bien entendu jamais puisque mon hypersensibilité tranchait fortement avec les modèles de personnes lisses que nous imposent les standards de la société. Quelle belle invention en conséquence, que le développement personnel ! J'allais pouvoir, au travers de livres, de vidéos ou encore de mentors du net, consommer à outrance du « comment être au top toujours et tout le temps en toutes circonstances ? ». Oui, j'ai appris pendant ces années-là que les mêmes personnes prônant la tolérance à tout bout de champ ne supportaient en réalité aucunement la différence spirituelle. Je me suis ainsi adaptée à ce nouvel univers prometteur qui allait, lui, m'accepter moi et mes failles, me permettant dans le même temps de m'améliorer. Il verrait très vite que mon perfectionnisme m'emmènerait loin, très loin.

Tellement loin, que j'ai vécu, un jour de février, ma première nuit noire de l'âme, autrement dit une période plus ou moins longue où règne un sentiment de mélancolie intense, voire de profonde dépression, sensation inconnue pour moi jusqu'à 2021. J'avais pourtant été prévenue par une de mes cartes d'un de mes nombreux oracles ! Celle-ci promettait un grand passage à vide. Mais pourquoi donc ? J'allais très bien. Au contraire, tout semblait être parfait. Mon image lisse passait plus que bien aux yeux de tous, je faisais toujours mouche, je m'adaptais à tous les concepts psycho-spirituels de bienséance et je travaillais en prenant en compte mes heures de méditation et de tempérance. C'était ce qu'il fallait être. Ne jamais être en colère (« cela ne sert à rien » « c'est toi qui te fais du mal »), ne montrer qu'amour, paix et volupté en toutes circonstances, même quand la terre entière se moque de toi et, bien entendu, toujours se dire que le problème c'est toi, jamais les autres puisqu'ils ne sont que le reflet de toi-même. En réalité, je n'étais que l'ombre de ma véritable personnalité et je m'ennuyais à mourir matin, midi, et soir, mais c'était cela qu'il fallait être. Un peu de sacrifice valait bien le coup pour exercer mon métier-passion. Ces derniers mots montraient bien la problématique de fond. Comment en étais-je arrivée à m'ennuyer au sein même de ce qui aurait dû me faire chavirer le cœur chaque journée de mon existence ? N'y avait-il qu'une seule façon de penser au sein de cette communauté ? Cela n'avait aucun sens et pourtant je m'y plongeais progressivement telle l'autruche enfonçant sa tête dans la terre !

C'est donc un matin de février que l'envie de me lever me lâcha totalement. En l'espace d'une nuit, sans même me réveiller, je me suis sentie vidée. Chaque pas était lourd, tout m'insupportait et je ne voyais rien qui me raccrochait à la vie. C'est arrivé d'un coup, comme cela, sans que je m'y attende. Personne n'a rien compris, vous vous en doutez. Manger, boire, lire, prendre ma voiture, parler, écouter, plus rien n'avait d'odeur et de saveur. L'horreur ! Je passais mes journées à avoir le regard dans le vide, à ne plus parler ou encore à pleurer de ma vie vide de tout ! Je criais, personne ne m'entendait ! Je me taisais, tout le monde s'en moquait ! Je tournais en boucle sur « mais qu'est-ce que je fais sur cette Terre ? » Même mes enfants n'arrivaient plus à me montrer le sens de ma vie. Voilà à quoi j'en étais réduite en l'espace de quelques heures, moi qui étais l'incarnation de la joie du quotidien. J'ai bien tenté de demander de l'aide, mais tout ce que j'entendais c'était « Mais toi tu es forte ! Tu vas bien finir par aller mieux ! » Je devais donc, me débrouiller toute seule ! J'avais l'habitude. Je payais des centaines de fois où j'avais montré une image de moi indestructible et vaillante, refusant toute aide. Mais cette fois-ci, il m'était impossible de sortir la tête de l'eau. J'avais l'impression d'être dans mes pires cauchemars.

Une nuit, prise par une terrible crise d'angoisse, je pris ma voiture pour aller m'enfermer dans mon local, seul endroit où je me sentais en sécurité. Je me suis mise à envoyer un message à mon mari pour lui dire que j'étais vraiment mal, mais il ne me répondait pas. J'étais seule, seule, seule. De terribles images vinrent à moi et où définitivement je ne me reconnaissais plus du tout. J'ai pleuré, crié et j'ai rassemblé le peu d'énergie qui me restait pour prendre mon stylo et invoquer les cieux. Je les ai suppliés de m'aider, de me transmettre à moi aussi des messages pour que je comprenne. C'est à ce moment précis que la vie a repris son cours. Je me suis mise à écrire des pages et des pages de conseils à moi-même sur ma situation actuelle que je n'ai d'ailleurs pas comprise tout de suite. Je me sentais néanmoins apaisée et c'est tout ce qui comptait pour l'heure. Je suis rentrée chez moi et je me réveillai le lendemain en ayant faim et le sourire aux lèvres. C'était la grande victoire de ce mois terrible que je venais de passer. Les jours défilaient et je me retrouvais progressivement, sans avoir toutefois la clé du retour du sens de ma vie. Je percevais une micro-lumière à travers mon voile de ténèbres. Après un week-end passé à réfléchir, le retour à mon local me troubla. Je sentais que mon énergie avait changé, mais je ne pouvais pas exactement dire en quoi ? Puis ce fut, la révélation, bien assise sur ma chaise, en regardant par la fenêtre. Tout a pris sens en un quart de seconde. Il fallait que j'exprime ma propre vision de la spiritualité, que je dise la vérité en toute authenticité ! Depuis le début, je m'oubliais, je faisais semblant, je m'adaptais et maintenant c'était le contraire qu'il m'était demandé. Logique me direz-vous ! Sachant que le regard des autres m'était souvent difficile à supporter, celui de cette grande sphère de la spiritualité où rien ne semblait dépasser ! Vous imaginez bien que j'appréhendais encore davantage.

J'ai néanmoins osé et j'ai écrit un long post sur mes réseaux sociaux, expliquant qui j'étais vraiment et comment je percevais le monde. Ce témoignage a tout changé en une journée. Je me sentais libérée, écoutée et surtout une multitude de personnes se sont reconnues dans mes mots. Je n'étais donc pas seule et je pouvais être acceptée, même si je ne correspondais pas aux règles préétablies. En vingt-quatre heures, tout est revenu à l'équilibre, ainsi que ma joie de vivre et mes envies d'avancer. Je pouvais enfin être libre !

Cela m'a demandé de conserver, cependant, une certaine droiture face aux diverses attaques. Sachez que plus nous nous affirmons, plus nous prenons le risque d'être rejetés. C'est une des difficiles lois de l'humanité et… de la spiritualité. La différence dérange, même sous couvert de tolérance. Je me rappelle encore cette magnifique émission où j'avais été invité pour, justement, parler de ma vision de la médiumnité, une vision terre à terre, sans fioriture, concrète, décalée, mais que je souhaitais accessible à tous. Cette interview m'a ouvert de magnifiques portes et une certaine reconnaissance de mon travail, mais, qui dit mise en lumière, dit aussi proximité de l'ombre. Rappelez-vous, c'est toujours la trame de fond. Cette fois-ci, m'a été reproché… mon rire, mon humour et le fait que j'étais trop en « joie », que je calculais mes rires, mes émotions pour, je cite, « émouvoir » l'auditoire.

Certains ne toléraient aucunement que je puisse, selon leurs perceptions des choses, rire de la médiumnité. D'autres encore me pensaient manipulatrice. Cela me confortait ainsi dans ce que je pensais depuis le départ : il n'y a de tolérance que chez ceux qui acceptent la différence.

J'ai reçu, par la suite des centaines de mails tous plus gentils les uns que les autres me confortant dans la direction que j'avais prise. Beaucoup de personnes se retrouvaient dans ma personnalité et étaient heureuses de cette accessibilité. Le pari était donc gagné : je pouvais être moi-même auprès de ceux qui vibraient de la même manière. Le prochain défi serait ainsi de rester moi-même, tout en côtoyant des personnalités qui résonneraient différemment ou qui me détesteraient.

S'ouvrir pour souffrir ? Telle était souvent ma conclusion ces dernières années. Alors, j'ai préféré travailler seule, inlassablement, sans m'arrêter, chaque jour. J'avais tout à ma disposition : cartes, archives akashiques, médiumnité, signes du quotidien, soin énergétique et j'en passe. Pour quelle raison aller chercher ailleurs, ce que l'on a en soi ? Cette phrase, plutôt réaliste, m'a davantage enfermée qu'ouverte aux autres. Ma tendance à effectuer tout à l'extrême revenait à toute vitesse ! Ma journée était donc rythmée par tous ces outils, et chaque semaine, je passais des paliers de compréhension de moi-même et des autres, apportant toujours quelque chose de plus dans mes accompagnements. Mes soirées étaient bien évidemment bercées de conversations sur les oracles, ce que je vivais, comment j'évoluais. J'avais un concurrent de taille qui passait de longues heures à écouter des vidéos toutes plus « perchées » les unes que les autres et qui ajoutait une touche passionnante à nos débats du soir : mon mari. C'était grisant et intense, alimentant des mois entiers nos cerveaux qui en avaient besoin, mais nous avions oublié un élément essentiel à nos vies et à nos corps : vivre ! Nous avions négligé de profiter des plaisirs du quotidien. Moi qui avais promis à ma sœur sur son lit de mort, que je vivrai désormais pour deux, j'étais en réalité bien loin du compte.

C'est ainsi que je me suis aperçue que depuis mon enfance, je ne savais pas ce qu'était vraiment vivre. Mon envie de perfectionnisme me faisait oublier de ressentir la joie d'être simplement là, présente à soi, et aux autres ou même la chaleur du soleil sur mon visage. Mon cerveau était parfaitement rempli, mais mon âme m'appelait à sortir de cette prison dans laquelle je m'étais enfermée avec mon cher et tendre ! J'avais deux choix possibles : tout envoyer promener impulsivement, ou équilibrer mon quotidien.

Pour une fois, j'optais pour plus de nuance. J'ai appris, comme un enfant, à regarder la nature différemment, à ne plus prendre mon téléphone dès que je sortais pour être vraiment présente, à m'autoriser davantage de sorties et à connaître de nouvelles têtes. J'ai arrêté de parler sans arrêt de développement personnel et de médiumnité. J'ai même pris goût à parler de choses plus quotidiennes et à regarder des émissions « débiles » à la télé. J'ai appris à dire oui, même quand je craignais de n'avoir ni le courage ni le temps. J'ai appris à dire non à la place du oui habituel qui satisfaisait le plus grand nombre. J'ai appris à demander de l'aide quand j'avais mal et que mes émotions me submergeaient. J'ai appris à dire « Viens, on va juste prendre un café et s'amuser ! ».

Ma quête de la perfection n'avait finalement plus vraiment lieu d'être, initiée sans doute pour répondre à des personnes du passé, pour me rassurer, et me dire que j'étais finalement peut-être quelqu'un de bien.

Quel poids ont d'ailleurs nos ancêtres et nos parents sur cette perception de nous-mêmes ? J'avais bien déjà entendu parler de constellations familiales et de psycho-généalogie, mais je n'avais pas encore osé m'y plonger. C'est au détour d'une conversation avec un ami que je me suis sentie portée par une soudaine envie de découvrir cet univers. Il me proposa de prendre rendez-vous avec une thérapeute spécialisée dans ce domaine, ce que je fis en moins de dix minutes. Quinze jours séparaient notre entrevue. Quinze jours regorgeant de synchronicités qui me permirent de me préparer à ce que j'allais vivre lors de notre rencontre. Je vis passer à plusieurs reprises sur mes réseaux sociaux, des commentaires élogieux sur une toute nouvelle série turque à l'affiche prometteuse. Il semblait que cette dernière était à tendance spirituelle. Par curiosité, j'ai souhaité regarder le premier épisode. Quelle ne fut pas ma surprise quand je découvris que le thème était justement lié aux constellations familiales ! J'ai littéralement dévoré cette série très moderne et extrêmement pertinente. Curieusement, la même semaine, mes nuits furent de plus en plus difficiles, faisant ressurgir des anciens traumatismes et des angoisses que j'avais occultés pendant de nombreuses années. Le travail de mon âme était-il en train de commencer ?

C'est complètement surexcitée que j'arrivai à mon rendez-vous. J'avais toujours, en trame de fond, les personnages si attachants de cette série. J'étais prête à aller « nettoyer » mon transgénérationnel, ayant bien compris qu'il impactait certaines de mes réactions et surtout mes émotions. Justine m'accueillit, sourire aux lèvres et charisme important. Elle commença par me questionner sur ma problématique. Je ne la connaissais pas vraiment. Il y avait certainement une raison à ma présence ici, mais je ne savais pas la définir.

Relativement perplexe sur la réponse à apporter, elle me demanda simplement d'expliquer mon enfance avec mon père puis ma mère, ce que je fis en quelques phrases. Une discussion s'amorça sur les problématiques de fausse couche et d'avortement, sur notre place au sein de notre fratrie, puis quelques bribes d'informations lui parvinrent via des méthodes qui m'étaient communes puisque Justine combinait cet outil avec sa médiumnité. Puis, vint ce fabuleux moment si bien décrit dans la série que je venais de voir quelques jours auparavant. Justine prenait le rôle de chacun de mes ancêtres vivants ou décédés, captant au passage leurs douleurs, leurs énergies et les messages à me transmettre. Mon rôle était déterminant puisque je devais répéter après elle des phrases d'acceptation, de pardon, de non-jugement et d'amour inconditionnel afin d'être en paix avec chacun d'entre eux. Ce n'était pas simple et quand un blocage se manifestait avec une ou plusieurs personnes de la constellation, je n'arrivais plus à prononcer un mot. De nombreuses larmes coulèrent en même temps que ma libération s'effectuait. J'étais épuisée de cette séance qui ne dura pourtant qu'une heure, mais je me sentais légère. Que c'était bon de respirer enfin !

Aujourd'hui, je continue d'apprendre à être pleinement moi-même. Je ne vous dis pas qu'il ne reste pas quelques failles. Mais je m'accepte davantage et j'essaie de transmettre ces valeurs à mes enfants, tout comme je comprends le poids inconscient que nous pouvons leur faire porter.

D'ailleurs, à ce propos, ils vous en apprennent davantage sur vous que ce que nous leur transmettons ! Ce sont des maîtres en la matière, même s'il est parfois difficile de l'accepter. Ma grande souffre du même degré de perfectionnisme que sa chère maman et je passe le plus clair de mon temps à lui expliquer que tout le monde fait des erreurs et qu'elle n'a pas besoin d'en faire autant pour qu'on la remarque ou qu'on l'aime. C'est qu'elle est bornée cette petite !

Elle a cette fâcheuse tendance à se dire les mots que nous nous répétons régulièrement : « Mais qu'est ce que je suis bête ! ». Très consciente du fait que notre cher cerveau ne fait pas la distinction entre réalité et simple réflexion, je la reprenais inlassablement à chaque phrase de ce type :

« Non, ma chérie ! Tu as fait une erreur c'est différent ! Tu es au contraire très intelligente ! ».

Un jour de juin, ayant commencé ma journée par une mauvaise manipulation, je ne cessais de bougonner et de me dire tout haut « Mais qu'est-ce que je suis bête ! Ce n'est pas possible ! ».

Devinez ce que m'a répondu ma fille ?

« Mais non maman, tu as fait une erreur, ce n'est pas pareil !

— Tu as raison. C'est la maîtresse qui t'a appris cela ?

— Non on maman c'est toi ! Tu me le répétais tout le temps. Maintenant, je le sais et je ne me le dis plus. »

Cet enfant est parfaite !

Chapitre 7

Et si nous étions fous ?

« Vous allez me prendre pour une folle ! »

Voici la phrase que j'entends quasiment à chaque rendez-vous avec les personnes qui me consultent. Quelle drôle d'idée ! Si je suis cette logique, je le serais tout autant. Il est vrai que je me suis posé cette question une bonne cinquantaine de fois bien que j'eusse l'air en très bon état physique et mental. Ce qui me rassurait, c'est que, généralement, la folie ne laisse pas souvent place à cette réflexion. Et puis, nous étions tout de même nombreux dans ce cas-là. En effet, je remarque que la plupart de la population a vécu une expérience dite « paranormale ». Qui n'a jamais partagé ces repas familiaux durant lesquels on racontait que tata Lucette entendait souvent grincer l'escalier alors qu'il n'y avait personne, ou qu'oncle Charles consultait madame Charlotte, cartomancienne reconnue, à chaque grand tournant de vie ?

En outre, de nombreux documentaires, qui font état de phénomènes inexplicables d'un point de vue pragmatique, fleurissent de plus en plus sur nos écrans. Ce qui semble le plus curieux dans les cas d'« expériences » ésotériques, ce n'est pas tant celles-ci, que la réaction de la personne concernée qui s'imagine souvent être en train de perdre la raison. Cette réflexion m'a toujours interpellée, étant donné que les phénomènes mystiques sont étudiés depuis la nuit des temps et que les plus grands scientifiques évoquent la possibilité d'autres sphères invisibles. Einstein admettait lui-même qu'il existait des phénomènes inexpliqués malgré sa profonde rationalité. Nous avons tous en tête sa grande citation « *Cette profonde conviction émotionnelle de la présence d'un pouvoir de raisonnement supérieur, qui se révèle dans l'univers incompréhensible, forme mon idée de Dieu* ».

Schrödinger, voulant démontrer les limites de la physique quantique sous certains aspects, a fait également couler beaucoup d'encre avec son expérience du chat à la fois vivant et mort ! Plus tard, Everett évoqua la possibilité d'univers parallèles correspondant à chaque situation possible.

Des milliers de livres fleurissent un peu partout dans les espaces culturels sur ce sujet, de très grands films et reportages le traitent, mais nous sommes toujours persuadés d'être fous.

Pourquoi les gens, pensent-ils être déments quand ils vivent ce type d'expériences ?

Que leurs arrivent-ils ?

Quels sont les genres de situations qui les confrontent suffisamment pour remettre en question leur sainteté d'esprit ?

J'ai pu remarquer que celles-ci sont très souvent liées aux défunts ou à la mort en général. Peut-être est-ce parce que nous prêtons davantage attention aux signes de notre passé qu'à ceux de notre avenir ? Le manque lié à la perte met certainement le cerveau davantage en alerte que pour une action qui n'a pas encore eu lieu. D'autre part nous n'avons toujours pas de réponse à la question « Qu'y a-t-il après la mort ? ». Je n'ai jamais souhaité me spécialiser dans le contact avec les défunts, bien que j'y vois une belle action pour pouvoir faire son deuil correctement. Seulement, cela me ramène un peu trop à mes propres peines, encore bien trop vives, et davantage dans le passé. Ayant déjà du mal à composer avec le mien, j'ai toujours senti que ma mission était davantage centrée sur une médiumnité type développement personnel du quotidien et levée des blocages. Néanmoins, je me suis toujours dit que si cela venait à moi d'une manière ou d'une autre, je tenterais l'expérience !

Un jour d'été, Maria était venue me consulter pour une lecture d'âme. Le principe était simple : avant qu'elle n'arrive, je notais tout ce que ses guides me disaient d'écrire. En réalité, je ne demandais jamais leur identité. Tant que l'information était juste, c'est tout ce qui m'importait ! J'ai appris néanmoins à faire progressivement la différence entre un guide spirituel (comprenez ange, archange, maître ascensionné...) et un guide familial (personne décédée qui a souhaité effectuer cette mission). Le premier a un langage très élaboré, le second parle de façon ordinaire.

Maria arriva donc à son rendez-vous. Je commençai à lui raconter tout ce que l'on m'avait transmis, mais il était vrai que je trouvais le message très familier. Je la voyais assez interloquée ce qui me déstabilisa. Elle finit par me demander :

« Mais c'est mon mari décédé qui parle là, non ? ».

Je ne savais quoi répondre puisqu'en réalité, je n'en savais strictement rien. Je balbutiai un vague « Heu... » pour finir par être franchement mal à l'aise. Je la voyais continuer de me parler, mais mon cerveau était perturbé par ce qui résonnait dans ma tête.

J'entendais :

« Dis-lui que je l'aime ».

Intérieurement, je me disais « Non, mais vous êtes drôle, vous les morts ! Il lui faut quelque chose de plus convaincant. Ça, n'importe qui peut lui dire ! ».

Ma requête fut entendue puisque la phrase qui survint fut « Dis-lui béquille ! J'étais sa béquille ! ».

Bon, là c'était un peu moins courant. Je finis par la stopper dans son flot de paroles que je n'avais même pas entendu puisqu'occupé à discuter avec son mari mort.

« Béquille, ça vous dit quelque chose ?

Il me dit de vous dire qu'il était votre béquille.

— Non, ça ne me dit rien. »

Donc là, c'était bon, j'étais devenue folle ! Il ne restait plus qu'à me terrer dans un trou de souris et à finir morte de honte sans même une miette de fromage ! Je la voyais néanmoins continuer de réfléchir, soudain elle changea d'expression, et s'exclama :

« Mais oui ! Bien sûr ! C'est comme cela que je l'appelais ! J'avais complètement oublié. Je lui disais tout le temps qu'il était ma béquille ! Merci de me l'avoir rappelé ! »

Ouf ! Tout allait bien ! Enfin quasiment... Je venais quand même de discuter en direct avec un mort.

Il m'arrivait de temps à autre de les apercevoir au détour de rêves ou de visions lors de soins énergétiques ou encore, sans crier gare, dans ma maison. Je n'avais pas la faculté de les visualiser yeux ouverts, mais davantage lors de flashes. Je me souviens encore de cette femme venue me réveiller en pleine nuit alors que j'étais bien confortablement installée dans mon lit. Je m'endormais paisiblement lorsque la vision d'une femme livide naviguant dans ma maison me fit sursauter. Je fus prise de frissons et ne sachant quoi faire de cette image, je décidai de me blottir dans les bras réconfortants de mon mari et de repartir près de Morphée.

Le lendemain de cette mésaventure, j'accueillais au sein de mon local, Louise, qui avait perdu sa maman d'une manière assez tragique du jour au lendemain. En me connectant à cette dernière, je m'aperçus qu'elle n'avait pas réalisé sa mort et que l'image que j'avais perçue la veille était en lien direct avec son âme. À dire vrai, je ne savais que trop faire de cette information et surtout comment l'aider. Je savais bien qu'il existait des « passeurs d'âmes », autrement dit des médiums qui ont pour « fonction » de faire passer les défunts dans la lumière quand ils se sont perdus.

Il y en a d'ailleurs plus que l'on ne le croit ! La plupart du temps soit, ils ont subi des morts très violentes qui ne leur permettent pas de comprendre ce qu'il s'est passé, soit ils sont très attachés à un lieu, ou à une personne ou encore ont l'impression de ne pas avoir terminé leur mission sur terre, autant de facteurs qui les empêchent d'être en paix. Message transmis, Louise m'expliqua que, régulièrement, sa lumière de salle de bain clignotait et qu'elle le prenait comme un « coucou » de sa maman, ce qui me semblait plausible. Les éclairages, les télévisions ou divers appareils électroménagers sont le terrain de jeu privilégié des fantômes qui veulent faire passer des messages. Force est de constater que mère et fille avaient besoin de se dire au revoir. J'ai donc expliqué à Louise qu'il serait temps de dire un dernier adieu à sa maman et de lui expliquer ce qui lui était arrivé. Elle a mis plusieurs semaines à lui parler, faisant progressivement son deuil, comme elle le pouvait. Depuis, la lampe de la salle de bain a repris sa fonction première et ne s'amuse plus à être un spot de boîte de nuit.

Beaucoup de témoignages affluent concernant des signes très concrets de présence de défunts. C'est en général à ce stade que les doutes s'estompent sur une éventuelle vie après la mort. J'ai souvenir d'un témoignage troublant concernant les aiguilles d'une horloge qui devinrent folles au moment du décès d'un proche. Avait-on besoin de voir matériellement la venue de la grande faucheuse pour que les morts se fassent entendre ? Pourtant, malgré tous leurs efforts pour se manifester, le doute ou la peur restent présents chez la majorité de la population française !

Le plus difficile est le moment où notre âme nous prévient d'un décès proche et que l'univers nous pousse à dire ce que l'on a jamais pris le temps d'exprimer.

Rappelez-vous l'histoire du second prénom de ma sœur Emilie et ce fameux texto quelques minutes avant sa mort !

Plus récemment, ma grand-mère maternelle, avec qui je n'avais jamais eu de véritable lien, s'est éteinte chez elle, entourée des siens. J'ai ressenti le besoin de lui écrire également quelques jours avant son décès, pour lui expliquer les raisons de ma prise de distance depuis plusieurs années. J'ai donc rédigé un texte pour ce faire et je le lui ai fait parvenir en l'envoyant sur le téléphone d'une de mes tantes, qui le lui a transmis. Un an plus tard, jour pour jour, je me surpris à rêver d'elle d'une curieuse manière. En réalité, je ne l'avais pas vécu comme un rêve, mais davantage comme une information venue du ciel. Je la vis apaisée et souriante sur mon écran de téléphone portable. Sur le coup, je n'ai pas saisi ce qu'elle avait voulu me dire et j'ai transmis le message à ma tante, pensant qu'elle comprendrait mieux. En réalisant la conversation d'alors avec cette dernière, j'ai réalisé que c'était la date anniversaire de l'envoi de mon message. Ma grand-mère venait de me remercier.

Avec le temps, mes rêves se sont faits de plus en plus précis et de plus en plus pertinents. J'y prêtais notamment attention quand j'y voyais des défunts. Curieusement, ce n'était pas ma sœur que je visualisais le plus. En réalité, je ne l'ai vu qu'une seule fois, quelques mois après sa mort. Elle semblait en colère et me reprochait de ne pas réagir. Ce fut le seul message qu'elle me transmit par cet intermédiaire. En revanche, je perçois davantage mes grands-parents paternels. Mon grand-père était venu me prévenir qu'il fallait que je fasse des choix professionnels rapidement sous peine de m'épuiser et de me disperser franchement. Je me voyais dans ce rêve en train de perdre pied, de cumuler les retards de toutes sortes et il me disait de m'arrêter et de m'organiser autrement.

Je n'ai que partiellement écouté ses conseils et quelque temps plus tard, je me suis mise à avoir de l'eczéma sur les mains, des angoisses nocturnes et un épuisement généralisé dû à trop de rendez-vous et de responsabilités. Ma grand-mère pour sa part n'avait pas la même fonction dans ce qu'elle me montrait. Je faisais avec elle de nombreux rêves de famille avec en ligne de mire ses enfants : mon père et mes tantes. J'avoue ne pas avoir osé transmettre ces salutations aux concernés. C'était plutôt délicat de les appeler et de leur dire :

« Tiens, j'ai eu mémé en rêve. Elle va bien et pense bien à vous.

— Oui je sais qu'elle est morte !

— Mais c'est quand même le cas !

Voilà ! Bonne journée ! »

La famille était très importante pour elle. Tous les ans, le même rituel, de grandes tablées l'été, d'autres à Noël. À l'époque, cela m'ennuyait profondément. Aujourd'hui, je comprends davantage et j'ai quelques regrets que cette famille qu'elle aimait tant se soit un peu dispersée avec le temps. Mon père et ses sœurs conservent cette habitude et se voient régulièrement. Je suis certaine qu'elle est heureuse de les voir ainsi réunis.

Certains rêves sont davantage prémonitoires. J'en fais moins souvent, mais ils restent perturbants quand ils se manifestent.

Il y a peu, nous avons souhaité adopter un chaton. Nous sommes allées avec ma plus grande fille, chez Caroline. Elle prenait sous son aile de nombreux chatons abandonnés, parfois dès leurs premiers jours, et s'en occupait avant de les mettre à l'adoption. À notre arrivée, nous avions le choix entre quatre ou cinq petites choses poilues à quatre pattes ! J'ai tout de suite été attiré par Shakira (on ne rit pas !), que nous avons rebaptisé Moon. Il y avait également un chaton noir, qui revenait de loin, mais qui semblait en forme bien qu'encore seulement âgé de trois semaines. Moon devait arriver chez nous un mois plus tard, puisqu'encore non sevrée quand nous étions passées la voir. Une nuit de novembre, quelques jours avant de venir récupérer la nouvelle égérie de notre famille, un rêve me perturba plus qu'à l'accoutumée. Le petit chaton noir était emporté du jour au lendemain. Je voyais Caroline pleurer et ne pas comprendre.

À mon réveil, je me suis dit que j'avais rêvé de cela par peur que cela n'arrive ou en résonance avec l'ensemble des histoires qu'elle me racontait, pas toujours gaies. Trois jours plus tard, nous allions récupérer Moon, le cœur en fête, mais arrivées à l'entrée de la maison, j'ai senti que quelque chose n'allait pas. Le fameux « ça va ? » prononcé, elle se mit à pleurer toutes les larmes de son corps. Décontenancée, je tentais de comprendre ce qu'il s'était passé.

« Le petit chat noir vient de mourir… juste avant votre arrivée. Je suis désolée d'être aussi mal, mais ce sont comme mes bébés. »

J'ai tenté de la consoler, mais rien n'y faisait, d'autant plus que l'on venait chercher un autre de ses bébés. Ce fut une terrible journée pour elle. Pour ma part, j'ai beaucoup culpabilisé. Aurait-il fallu que je la prévienne pour sauver le petit chaton noir ? Et pour quelle raison m'avait-on annoncé cette mort tragique ? Doit-on, par ailleurs, prévenir de ce qu'il va se passer quand nous faisons ce type de rêve ? J'ai tenté nombre de fois d'avoir la réponse, mais aujourd'hui je ne la connais toujours pas, surtout quand il s'agit de décès.

J'ai pris néanmoins l'habitude d'informer les personnes concernées par mes rêves quand cela me semble pertinent. Je réalise progressivement que les messages transmis sont souvent d'ordre professionnel. Rien de très étonnant quand on sait que j'aide régulièrement les personnes à se trouver et à découvrir leur mission de vie. Je ne sais pas toujours si cela va être bien pris, car, en réalité, elles ne me demandent pas forcément ce type d'informations. Nous sommes bien loin du rendez-vous pris pour un questionnement bien précis. Généralement, je leur envoie un message vocal en leur expliquant mon rêve et les éléments donnés. Vous imaginez bien que cela peut sembler curieux au premier abord, notamment quand la personne n'a rien demandé.

Un de mes rêves les plus marquants dans ce domaine concerne une amie habitant à proximité de chez moi. Je la voyais en couple avec un grand brun et elle se demandait si elle devait partir à l'étranger avec lui ou non. Dans ce songe, on m'indiquait que ce serait une grave erreur et qu'il ne fallait surtout pas qu'elle envisage cette option, au risque de tout perdre. Petite précision, je ne savais pas qu'elle était en couple puisque je la voyais rarement. Néanmoins, quelle responsabilité pour ce type d'information !

Après m'être mille fois posé la question de le lui dire ou non, j'ai finalement pris mon téléphone et lui ai expliqué mon rêve. Elle tomba des nues et me dit qu'en effet, elle était en couple depuis seulement un mois, que son chéri était étranger et qu'il avait l'opportunité de travailler dans l'hôtellerie de luxe dans un autre pays. Elle m'expliqua également qu'elle avait pris récemment la décision de ne pas l'accompagner, mais qu'elle s'était posé la question. Tout allait donc bien et ce rêve était finalement venu confirmer ce que son âme souhaitait.

À mon sens, il me faudrait plusieurs vies pour saisir tous les rouages de l'univers et l'étendue des messages qu'il peut donner. Il m'est parfois difficile de tout comprendre et de savoir quoi faire de ce qui m'est proposé. C'est aussi passionnant que déconcertant. J'ai la chance d'avoir une certaine légitimité de transmission de par mon métier, mais je sais que beaucoup s'interrogent sur tout ce qu'ils voient, entendent, ressentent du monde de l'Invisible.

Malgré toutes mes expériences, il y a souvent une question qui continue de me tarauder : Et si être fou, c'était justement de ne pas voir tout ce que l'univers a à nous offrir ?

Chapitre 8

Ma liberté... et la vôtre.

Autant j'ai une passion dévorante pour l'être humain, la médiumnité et le monde de l'Invisible sous tous ces aspects, autant je me suis souvent demandée si cela n'est pas plutôt un fardeau. C'est mon ostéopathe qui m'a permis de le conscientiser. Je suis arrivée à son cabinet pour un contrôle de routine. Je pressentais qu'il allait m'apporter quelque chose, mais je ne savais encore quoi. Il m'a demandé mon métier.

Pour une fois, j'ai dit la vérité : « Médium ».

Il a tiqué et m'a répondu : « Ok... ».

Puis, de but en blanc :

« C'est une malédiction ça, non ? ».

À cette phrase, j'ai compris qu'il devait saisir ce que c'était de porter la douleur des gens, de la ressentir, d'être souvent « dérangée » par les émotions des autres, d'imaginer ce que personne ne voit, n'entend ou ne ressent, de travailler sur soi constamment et j'en passe. Je n'avais jamais mis de mots sur tout cela, mais force est de constater que j'étais épuisée par ce trop-plein de ressentis, puisque je me suis effondrée en larmes. Sympa la mise en bouche ! Puis... l'apocalypse ! Une main posée sur mon plexus solaire, une autre en dessous de mon dos, je le ressentais capable d'appréhender des choses qui n'avaient plus rien à voir avec l'ostéopathie traditionnelle. Il me confia par contre qu'il ne le faisait plus à l'heure actuelle, car il ne tenait plus ainsi ses journées. Je n'étais donc pas la seule à ne plus pouvoir supporter toute la douleur du monde. Son instinct le poussa néanmoins à procéder différemment avec moi et à me dire ce que j'avais besoin d'entendre :

«Je n'ai jamais ressenti une aussi grande tristesse à l'intérieur de quelqu'un. Vous avez deux énergies très contradictoires en vous. Vous êtes remplie d'un amour inconditionnel assez incroyable, et dans le même temps, vous êtes anéantie de trop de douleurs.»

Quand même ! Moi qui passais mon temps à sourire et à prôner la résilience, est-ce que je me mentais à moi-même ? Sûrement un peu, mais si je n'avais pas cette force-là, je crois que je serais morte il y a bien longtemps. C'est à ce moment précis que je me suis demandé si mon travail en valait véritablement la peine. Mon insatiable envie d'aider, de partager et d'être, tout simplement, n'allait-elle pas en réalité me perdre et m'anéantir progressivement ? Mes facultés étaient-elles réellement un cadeau du ciel ?

Voici quel était mon état d'esprit quand je suis ressortie de cette séance. J'ai pleuré pendant deux jours, et mon âme était vide, un vide que je connaissais très bien, pour l'avoir déjà vécu à chaque perte de proches. Heureusement pour moi, cela ne dura que quelques jours. Avait-il réussi à soulager un peu de ma peine au point que mon âme était perdue sans cette sensation à laquelle j'étais habituée ? Je crois bien que oui et j'ai décidé de la remplir à nouveau d'amour et de calme. Cependant, cadeau ou fardeau ? Je n'arrivais toujours pas à trancher. Après quarante-cinq tirages de cartes et quatre pages écrites en médiumnité pour m'aider (on ne se change pas !), je me suis rendu compte que c'était davantage ma façon de travailler qui posait problème. Des mois entiers à effectuer entre trois et cinq consultations par jour avaient fait voler mon âme en éclat. Trop de douleurs ressenties, trop d'attentes, trop de pressions, trop de messages dans ma tête, trop de tout ! Ce que personne ne savait, c'est que j'avais passé de nombreuses soirées à pleurer la tourmente des autres. Je ne vivais que pour eux en oubliant ma propre liberté.

Pourtant, c'est aussi grâce à cela que j'ai évolué de plus en plus vite et que je me suis mise à comprendre l'impact de mes guidances médiumniques. Grâce aux différents retours que l'on me rapportait, je comprenais qu'il y avait toujours un après. Une grande période de destruction de tout ce qui n'avait plus lieu d'être s'amorçait dans la vie des personnes qui me consultaient pour qu'elles puissent aller vers leur destinée. C'est un peu comme quand nous faisons le ménage dans notre maison. Si le tri n'est jamais réalisé et que nous laissons s'accumuler tous les objets du passé cassés, fendus ou qui ne nous servent plus, cela devient vite invivable et il n'y a aucune place pour le renouveau. Dans la vie, c'est identique.

L'exemple le plus marquant fut celui d'Aurélie. À la suite d'une lecture d'âme effectuée par mes soins, sa vie explosa : plus de couple, plus de travail, plus de maison et son fils de plus en plus difficile. Cela fait rêver non ? Si vous le souhaitez, il me reste d'ailleurs de la place pour septembre ! Et bien curieusement, deux ans après, elle me remercia pour tout ce que je lui avais permis de comprendre. Bien que tout cela ait été très difficile, elle était aujourd'hui alignée avec qui elle était et, surtout, tout avait magnifiquement repris forme pour son plus grand bonheur. Après plusieurs témoignages du même acabit, ce qui me faisait culpabiliser devint en réalité ma plus grande force. Toutes ces personnes étaient libérées du poids de ce qui ne leur convenait plus et pouvaient être heureuses !

Avais-je alors cette faculté pour moi-même ? Bien évidemment ! Ma vie n'était que destruction et renaissance, tel le Phénix ! En y regardant de plus près, j'avais en effet la faculté de faire table rase du passé autant que de construire pour mon avenir. Seulement, depuis que mes facultés médiumniques s'étaient réveillées, j'avais davantage l'impression que le Phénix passait son temps à brûler et qu'il n'avait pas le temps de se reconstruire. Tout allait vite, tout était encore plus intense, l'ensemble de mes croyances s'effondrait de jour en jour. J'avais à peine le temps de me relever qu'il fallait recommencer. Chaque semaine comportait son lot de défis et vous pouvez être certains que si je n'avais pas envie de mettre la main à la pâte, j'avais les indemnités de retard six mois après ! Curieusement, je faisais rarement la morte quand cela se présentait à moi. Non pas par goût du masochisme, mais parce que j'en voyais régulièrement les bienfaits. Je me délestais progressivement de tout ce qui n'avait plus de place dans ma vie, je m'acceptais de plus en plus, j'apprenais à dire non, je ressentais de plus en plus de choses, tout aussi belles que difficiles, j'avais de moins en moins de filtres et je m'autorisais à être différente, même publiquement.

Je me souviens d'ailleurs de ce jour où une dame de plus de quatre-vingt-cinq ans était venue me voir pour commencer un travail sur elle. J'ai trouvé cela très courageux, et dans le même temps, j'ai remercié le ciel de m'avoir offert cette perception différente du monde à mon jeune âge. J'avais un chemin difficile, tortueux et fatigant, mais je savais qu'à l'arrivée, il y avait toujours un trésor caché. Et puis, il y avait du sens à mes activités. Je passais mes journées à aider. Cela voulait-il dire que je ne pourrais jamais être véritablement libre ? Cette notion était pour moi confuse puisque je me retrouvais néanmoins à être épuisée de tout et à être enchaînée à un emploi du temps que je ne pouvais pas tenir sur le long terme.

Vous l'avez bien compris, qu'il était temps pour moi de passer un nouveau palier pour aider davantage et à plus grande échelle tout en conservant ma santé. Et pour s'en rendre compte, quoi de mieux que de pleurer chaque soir de fatigue et de se réveiller avec des pics d'angoisse chaque matin ? L'être humain réagit rarement à la douceur. Il n'est pas rare que toutes les plus grandes prises de conscience aient été réalisées après de graves maladies, deuils, ruptures ou licenciements. Je n'étais pas différente des autres sur ce point. Nous avons néanmoins toujours le choix : rester dans la douleur constante, lancinante en attendant le prochain miracle ou plonger à travers soi. Quel bonheur de se rendre compte que nous avons un pouvoir bien trop souvent ignoré : le nôtre. Liberté de reprendre sa vie en main et, surtout, de pouvoir agir concrètement sur la matière grâce à nous-mêmes. C'est quelque chose que j'ai mis longtemps à conscientiser, davantage habitué à être victime des autres que de m'affirmer dans ma personnalité. J'ai connu la violence des mots et des coups, mais aussi la peur d'agir. J'ai le souvenir d'une chamane qui m'avait dit des mots très justes, mais qui m'avaient paru extrêmement violents à l'époque :

« Sors de ton rôle de victime maintenant ! Reprends ton pouvoir personnel ! ».

Je ne comprenais en réalité même pas le sens de ses mots. Mon quoi ? J'étais décontenancée et surtout je ne savais comment faire. J'ai finalement compris par le biais de nombre d'expériences que nous n'étions en effet pas responsables de la réaction des personnes qui nous entourent, mais de ce que nous en faisions.

Je l'ai encore davantage compris grâce à l'exploration des vies antérieures. Les miennes, mais aussi celles des autres. Il est assez incroyable de constater à quel point nos précédentes vies ont un impact sur notre existence actuelle. Cela me paraissait complètement ahurissant de prime abord. Quelle injustice d'être tenus pour responsables de ce que l'on a fait dans une vie qui n'est même plus d'actualité. Le positionnement de victime revient vite dans ce contexte ! Avec le recul, je fais le constat qu'en réalité c'est une chance que nous avons. Rien n'est prédéfini, nous avons seulement une feuille de route. À nous de choisir le bon chemin et de voir ce que l'on en fait. L'univers ne punit jamais. Il nous montre ce qu'il faut travailler pour évoluer et être libre.

En allant explorer une des vies antérieures de mon mari à sa demande, j'ai compris qu'il avait été marin, que nous avions déjà été ensemble et que nous avions eu un petit garçon. Je l'avais vu partir de la maison et ne jamais revenir. Il était mort noyé dans une tempête. Cool. Quand mes larmes ont coulé et que ma douleur était restée intacte à la vue de cette expérience traumatisante, j'ai enfin compris pour quelle raison j'avais si peur qu'il meure noyé à chaque fois qu'il partait surfer. C'était viscéral. Je ne pouvais m'empêcher de le penser. Connaître l'origine d'une problématique permet de s'en libérer. C'est ce qu'apporte la connaissance de nos vies antérieures.

Une de mes clientes était venue me voir pour comprendre l'origine de son blocage avec sa médiumnité. Thématique assez récurrente dans mes consultations puisque les âmes venues se réincarner à notre époque et ayant choisi cette voie l'ont très souvent déjà expérimentée dans une autre vie. Me voici partie dans une de ses vies antérieures grâce à l'ouverture de ses archives akashiques. Je la vois petite, à la cour d'un roi, ayant des facultés de guérison impressionnantes, mais exploitée par son entourage au point de demander que ses potentiels de guérison lui soient retirés. Je lui expose mes visions et je la vois me dire :

« C'est incroyable ! J'ai toujours dit à mes parents que dans une autre vie j'étais à la cour du roi et que j'avais de très belles robes ! ».

L'âme se souvient de tout ! La source de son blocage ne datait aucunement de son passé actuel, mais d'il y a plusieurs siècles. Après un processus de libération effectué par mes soins couplé à cette conscientisation fondamentale pour son avenir, Éléonore exploite désormais l'intégralité de ses facultés sans aucune retenue, libérée du poids de son passé qui l'empêchait d'avancer et de réaliser sa mission de vie.

Progressivement, j'ai pris conscience que je pouvais capter ces messages liés à d'autres incarnations, simplement avec ma clairaudience. Je me suis ainsi mise à les transcrire à l'oral, comme une histoire, et je racontais qu'un tel avait été moine, qu'une autre avait été une artiste ou encore que Monsieur Dupont avait fait vœu de silence dans une autre vie. Cela aurait pu être perçu comme incongru, mais je me suis mise à recevoir des centaines de messages me racontant qu'absolument tout ce que je racontais lors de ces prestations était à peine croyable. Les schémas se répétaient, les énigmes se résolvaient, les blocages trouvaient leurs sources ainsi que les potentiels de chacun.

Un jour de novembre, Laetitia, une femme d'une quarantaine d'années que je connaissais à peine, m'expliqua avec beaucoup d'émotions une des lectures de vie antérieure que je lui avais transmise. Je lui avais expliqué, en médiumnité, qu'elle était un homme, un sultan du Moyen-Orient très apprécié par son peuple. Une guerre civile aurait éclaté l'obligeant à fuir son territoire. Je me revois encore lui dire que je voyais une sorte de montagne verte avec des arbres, chose qui me paraissait totalement improbable dans le désert, où elle avait trouvé refuge pour terminer sa vie. C'est elle qui m'expliqua ces visions et ces mots que l'on m'avait confiés de là-haut. Laetitia a toujours été attirée par une terre bien précise : le Sultanat d'Oman. Elle y a même vécu plusieurs mois sachant qu'elle connaissait cet endroit sans pouvoir se l'expliquer. Elle m'avoua connaître les routes quasiment par cœur sans raison apparente et surtout, lors de son précédent voyage dans ce pays, m'expliqua avoir voulu rejoindre la montagne verte située au nord. J'étais ébahi de ces révélations autant qu'elle-même. Il en a été de même avec Karine, m'expliquant qu'on la surnommait « la petite révolutionnaire » étant enfant alors que je venais de comprendre qu'elle était une femme de la Révolution française ou encore de Mathilde, qui m'expliqua avoir eu un homme qui lui ai tombé sur le dos l'obligeant à arrêter sa vie professionnelle tout comme la dernière vie que je venais de lui traduire. Manon que je voyais redécorer inlassablement des pièces vieillies qui m'annonça être décoratrice d'intérieure, Gilbert qui ne supportait pas la vue d'un bateau à qui j'ai annoncé qu'il était décédé en mer très jeune après avoir pris le large seul, Hervé qui ne faisait que travailler et répéter les mêmes erreurs dans son incarnation présente...

Je découvrais ainsi une autre facette de ma médiumnité jusqu'à ce que cela devienne une de mes spécialités.

J'ai d'ailleurs beaucoup de personnes qui me soulignent le fait qu'elles n'ont vécu aucun traumatisme durant leur jeune âge, mais qu'elles portent en elles une tristesse ou une violence qu'elles ne s'expliquent pas. Les origines sont très souvent bien plus anciennes que nos quelques années de vie, qui, dans l'espace temporel, est infime. Je crois que notre génération porte la responsabilité de transcender la matière, d'explorer d'autres manières de penser, de se libérer de tout ce que l'on porte consciemment ou non, grâce notamment à l'immensité des pratiques spirituelles qui existent, mais aussi de l'expliquer à nos enfants. Être responsable de son chemin, effectuer des choix judicieux avec son cœur, mais aussi se tromper, savoir relativiser et prendre la vie comme un cadeau est une saine attitude. Je suis intimement persuadée que l'exploration de certaines de mes vies antérieures, mais aussi celle de mon actuelle m'a permis d'avoir une meilleure connaissance du monde et de mon existence sur terre. J'ai fait le choix de ne pas répéter les erreurs commises au Moyen-Âge ou à la Renaissance. J'ai eu dix mille occasions d'aller vers le chemin le plus simple comme souffrir en silence, taire mes facultés, dépendre de l'État, sombrer dans l'alcoolisme, noyer mon chagrin dans la fête... Mais je suis née avec la possibilité d'en avoir conscience et je l'ai exploitée.

J'ai préféré aller vers ce que je ne connaissais le moins, la liberté, celle d'être moi, d'être heureuse, et d'agir à ma guise. Je me suis donné les moyens d'y parvenir et la montagne que j'escalade chaque jour n'est pas encore atteinte. Je crois d'ailleurs que nous n'avons jamais fini d'évoluer. C'est le principe même de la vie. Tout est en évolution constante.

Au-delà des choix de vie que j'ai effectués, j'ai fini également par lâcher prise sur les techniques de soin que j'avais apprises. Ce fut une étape particulière, arrivée par surprise et parce que je me suis autorisée à faire différemment, bien loin de ce que l'on m'avait inculqué. Cette liberté m'a été donnée par une enfant de six ans, Marlène. Elle souffrait depuis plusieurs mois de multiples abcès dentaires non expliqués par les médecins. Sa maman m'avait autorisée a effectuer un *soin énergétique Lahochi* pour tenter de résorber cette problématique et de trouver l'origine émotionnelle. J'ai commencé le travail énergétique comme à mon habitude dans les protocoles pré-établis : lecture de la prière de protection et visualisation. Seulement, son âme en a décidé autrement ! En réalité, c'est elle qui s'est mise à parler à travers moi pour se libérer de tout ce qu'elle n'arrivait pas à exprimer.

« Je veux être libre, maman »,

« Moi, je suis différente de toi »,

« Je veux travailler la terre comme papa. »...

Toutes ces phrases résonnaient et je me laissais porter par son âme afin qu'elle puisse extérioriser sa colère, mais aussi ses envies. Ensuite, je me suis mise à chanter puis à parler dans une langue que je ne connaissais pas, avec des intonations très particulières. Certains diront que c'est le langage de l'âme. Mon mental tentait de m'arrêter, car il ne comprenait pas ce qu'il se passait. Mon âme me criait de continuer pour la libérer et c'est ce que je fis. J'étais décontenancée et à la fois fière de moi. Quelques jours plus tard, sa maman m'expliqua qu'elle était beaucoup plus apaisée. Sa colère s'était envolée.

J'ai à cœur de vous faire comprendre votre responsabilité dans votre propre vie et de vous donner les moyens d'y parvenir. C'est souvent difficile et semé d'embûches, mais je trouve le voyage magnifique autant que la finalité. Il est d'ailleurs coutume d'expliquer que nos archives akashiques possèdent également nos potentiels futurs, preuve que nous avons le choix des chemins empruntés.

Mais peu importe la destination que vous choisirez, car sachez que vos guides seront toujours là pour veiller à votre épanouissement. Il faut seulement apprendre à regarder, à écouter et à s'émerveiller des champs de coquelicots et du vol des oiseaux. Regardez autour de vous pour mieux comprendre votre voix intérieure. Vous verrez que vous serez étonnés du nombre d'indices que l'on parsème sur votre chemin pour vous donner la meilleure voie à suivre pour vous. Tel le petit Poucet, vous apprendrez progressivement à retrouver votre chemin, même si vous vous égarez.

Et l'avenir ?

J'ai toujours été fascinée par la voyance. Cependant, il me semblait évident qu'il fallait être bien ancrés dans le présent si nous voulions connaître notre avenir. Comme pour beaucoup de pratiques ésotériques, je voyais bien qu'une partie de ma destinée s'y attacherait, mais j'avais peur de porter une responsabilité bien trop lourde pour moi.

En effet, bien des personnes m'ont montré à quel point connaître l'avenir avait pu influencer leur vie et pas forcément dans le bon sens.

Néanmoins, encore une fois, cela s'imposa à moi : chaque jour, de plus en plus de personnes venaient vers moi et me posaient des questions comme :

« Vais-je bientôt rencontrer le grand amour ? »

« Quel sera mon avenir professionnel ? »

ou encore « Comment va évoluer ma relation avec mon père ? ».

J'écrivais en médiumnité tout ce que l'on me disait de là-haut, en canalisation. Les retours que j'avais étaient très positifs et tout se réalisait à quelques détails près, mais je restais, encore une fois, dubitative face à cette nouvelle pratique qui venait naturellement à moi.

J'avais du mal à faire comprendre à certaines personnes que je n'étais pas là pour porter la responsabilité de ce qui allait se passer, mais plutôt pour les guider et les accompagner. Beaucoup avaient , effectivement, du mal à entendre certaines « réalités » quand d'autres se trouvaient décontenancés lorsque je leur annonçais ce qu'elles ne voulaient pas entendre.

Comme ce métier le demande, je prenais donc énormément de précautions lors de ces séances un peu différentes des autres et je temporisais beaucoup en expliquant que nous avions des potentiels futurs et qu'un impondérable pouvait nous faire choisir un autre chemin dans quelques mois ou quelques années, que certains paramètres n'étaient pas décidés et dépendaient de leurs choix. En effet, tout ne se passe pas toujours exactement comme dans les prédictions annoncées ! Une influence, une mauvaise rencontre, une préférence, une aide providentielle ou un ressenti pouvant faire changer la voyance proposée et donc la destinée ! La vie n'est pas linéaire et c'est à nous de jouer avec les signes et d'aller vers la voie la plus appropriée à notre âme. La médiumnité est comme un instantané, mais vous avez toujours la possibilité de la faire évoluer.

J'ai dû aussi refuser les personnes en trop grande souffrance, car, systématiquement elles n'entendaient jamais ce que je leur disais et ne se focalisaient que sur l'aspect prédictif sans prendre le reste en considération.

C'est d'ailleurs à ce stade que j'ai compris comment certaines personnes sans scrupules utilisaient aisément la souffrance des gens pour les manipuler et leur soutirer beaucoup d'argent, les grandes détresses poussant souvent à accepter de payer des sommes considérables dans l'attente d'une réponse réconfortante, même complètement fausse, qui soulagerait un peu la peine.

À l'inverse, j'aimais beaucoup avoir des nouvelles des « heureuses prophéties » annoncées ! Je me souviens d'une séance avec un thérapeute qui m'avait demandé comment allait évoluer son couple. Je lui avais alors prédit que cela irait bien et qu'ils auraient de nouveaux projets. Vous auriez vu sa tête ! Il me raconta en détail sa relation avec sa femme qui était loin d'être au beau fixe. En effet, ils étaient même en « pause » et il me confia n'avoir aucune envie que cela s'arrange vraiment. Par conséquent, j'avoue avoir regretté ce que je venais de lui dire, rentrant chez moi pleine de doutes et persuadée que j'avais déliré !

Un mois plus tard, il me recontacta pour me dire qu'en réalité, j'avais eu raison ! Il s'était finalement réconcilié avec sa femme et tout allait beaucoup mieux. J'étais très heureuse pour eux, soulagée et encouragée à persévérer.

Que puis-je dire maintenant à qui veut savoir comment je perçois mon avenir en tant que médium ?

J'aspire à aider le plus grand nombre, tant que je le pourrais. Je souhaite promouvoir une autre approche de la médiumnité, en contribuant autant que possible à ouvrir les consciences, mais aussi à guérir les âmes et à œuvrer pour un monde meilleur. Je désire également ne plus m'oublier et conserver à vie l'image de cette petite fille magique que j'ai à l'intérieur de moi. Car malgré la complexité que cette profession impose, je suis vraiment heureuse d'aider autant de personnes, de voir leurs libérations, leurs sourires, leurs messages et leurs larmes de joies.

L'avenir, ce sont les enfants avec leur fantaisie, leur vivacité, leur résilience, mais aussi leurs tracas et leurs apprentissages. N'abandonnez pas votre enfant intérieur ! C'est une des rares personnes qui est là pour vous aider au quotidien. N'hésitez donc pas à le cajoler et à le rassurer même si vous avez l'impression qu'il est bien caché au fond de votre cœur.

Toi qui lis ce livre et qui te découvres peut-être médium à ton tour, qui est passionné ou simplement curieux ne renie pas qui tu es et ce que tu fais.

Nous possédons tous l'art de guérir les âmes, la nôtre en premier, chacun à sa manière. Alors, pourquoi s'en empêcher et s'attacher à un environnement qui ne nous correspond plus ? Oui, notre destinée d'humain n'est pas simple, mais il serait néanmoins dommage de laisser sa propre lumière s'éteindre en enfouissant profondément ce que nous avons de plus beau. Que dire d'ailleurs à nos enfants, à nos amis et aux gens que nous aimons ? De se taire et de ne pas explorer toutes leurs capacités ? Bien sûr que non ! Nous leur disons de s'envoler, de tester, de naviguer et surtout d'être heureux.

Nous avons tous cette capacité en nous : mettre du sens dans tout ce que nous faisons, nous amuser, nous libérer des contraintes et être simplement nous-mêmes. Découvrons nos missions de vie et n'ayons pas peur de les incarner !

Apprenez la patience et la confiance ! C'était loin d'être ma zone de confort, et, pourtant, au détour de lectures, de discussions, de rencontres, j'ai réussi ce fameux lâcher-prise.

Composez avec les éléments de la Terre, découvrez de nouvelles pratiques, écoutez votre cœur et nourrissez votre cerveau !

Changez vos perspectives voyez la pluie comme un moyen de nourrir les plantes, l'éloignement comme une occasion de mieux se retrouver, un licenciement comme la possibilité d'un métier plus épanouissant, la fin d'une relation comme une espace de liberté dans votre cœur pour une nouvelle rencontre !

N'hésitez pas non plus à demander de l'aide là-haut ! Ils vous entendent, ils vous écoutent et ils ne vous refuseront jamais leurs présences si réconfortantes. Leurs cadeaux sont bel et bien là, mais ils sont parfois cachés pour vous permettre de mieux vous retrouver.

Nous sommes tous les enfants de la Terre.

Si vous savez l'écouter, elle vous le rendra au centuple, soyez-en certains !

Je terminerai par une phrase dictée par mes guides :

« Soyez un ange sur Terre. Vous êtes venus ici pour vous accomplir et vous découvrir. Vos capacités s'étendent bien au-delà de ce que vous comprenez alors agissez et surtout n'hésitez pas à vous adresser à nous. C'est aussi notre mission de vous aider. La boucle est ainsi bouclée. Nous vous aimons autant que vous êtes capables de le faire si souvent. »

Remerciements

Je tiens à remercier toutes les personnes qui m'ont fait confiance durant toutes ces années de développement. Merci de m'avoir partagée vos expériences et témoignages qui font également l'essence de ce livre.

Je tiens également à remercier mon mari qui m'a soutenu dans toutes mes étapes d'acceptation, ainsi que Dot qui, bien loin de son rôle d'accompagnante dans ce projet, est surtout devenue une amie.

Table des matières

Achevé d'imprimer en avril 2023
sur les presses de la Nouvelle Imprimerie Laballery
58500 Clamecy
Dépôt légal : avril 2023
Numéro d'impression : 303550

Imprimé en France

La Nouvelle Imprimerie Laballery est titulaire de la marque Imprim'Vert®